홍쌍연 수필집
내가 네 눈물을 닦아도 될까

내가 네 눈물을 닦아도 될까

홍쌍연 수필집

1판 1쇄 인쇄/ 2015년 12월 10일
1판 1쇄 발행/ 2015년 12월 15일

지은이 / 홍쌍연
펴낸이 / 우희정
펴낸곳 / 도서출판 소소리

등록 / 제300-2007-21호
주소 110-521 서울 종로구 혜화로35, 302-1호
　　　(경주이씨 중앙회빌딩)
전화 / 765-5663, 010-4265-5663
e-mail: sosori39@hanmail.net
www.sosori.net

값 10,000 원

*잘못된 책은 바꿔드립니다.

ISBN 979-11-5891-042-6　　03810

내가 네 눈물을 닦아도 될까

홍쌍연 수필집

소소리

책을 내면서

　막둥이 여식이 그려 놓은 만화 그림의 공책을 어루만지며 상급학교라도 보냈으면 지가 좋아하는 글쟁이가 되고도 남을 텐데 하고, 아주 오래전의 어머니께선 마음 아파하셨다고 합니다. 세월이 흘러서야 일가붙이가 전하는 말에 의해 어머니의 속내를 알았지요.
　잠 못 이루고 막둥이의 여물지 않은 가슴을 쓰다듬으며 등을 토닥이던 이유가 어린 손끝에서 피어나던 만화 그림 속의 이야기가 아까워서 그랬다는 것을 어머니 가신 뒤에야 알았습니다.
　어머니의 속으로 삭이던 사랑을 잊지 않았기에 담대하고 단단하고 맑은 사람으로 살고자 스스로를 단련하지 않았나 싶어요. 때론 목에 걸린 가시처럼 삶이 욱신거려도 그다지 슬프지 않았으니까요.

  어머니의 숨죽였던 사랑에 보답하려고 세월을 이야기하는 글쟁이가 되었습니다.

  정작 어머니의 이름으로는 한 줄 글도 엮어내기 힘들어 하는 못난 딸이지만 어머니의 이름 앞에 이 책을 바칩니다.

2015년 겨울

저자 홍쌍연

▶차 례

▶책을 내면서

1. 당신에게

고 백 — · 13
배추 된장국을 먹다가 — · 16
당신에게 — · 19
18번 채널 — · 22
가슴 시린 봄날 — · 26
남편과 영상편지 — · 30
상 하나 마련하면서 — · 33
세 모자 이야기 — · 37
풍 경 — · 41
어천마을 경호강 — · 43

2. 따뜻한 집

가을이 가네요 —·47
따뜻한 집 —·51
백암 가는 길·1 —·56
백암 가는 길·2 —·61
어느 봄날 —·66
생일날 하루 —·70
이 살릴 놈의 이름 —·74
나들이 길 —·80
나를 살리는 한 가지 일 —·84
벚나무 아래 벤치 —·89
오월의 슬픔 —·91
저, 백조가 되었어요 —·96
지금은 노래 연습 중 —·99

3. 가장 찬란한

꽃보다 아름답다 —·105
나의 위로에게 —·109
비님 오시는 밤에 —·114
신 호 —·117
남겨진 사람들 —·121
기쁨 중에 가장 찬란한 —·126
바람이 분다 —·130
아들의 선택 —·134
피붙이·1 —·138
피붙이·2 —·141
홀로 걷는 연습 —·145

4. 꽃잎 지다

사랑아, 울음 같은 내 사랑아 ― · 151
꽃잎 지다 ― · 155
내가 네 눈물을 닦아도 될까 ― · 160
네팔에서 온 편지 ― · 166
선물 같은 노래 ― · 171
봄날에 기대어 울다 ― · 175
언제 왔노, 또 갈 끼가 ― · 179
엄마 졸업 ― · 184
행복한 꼭지와 만나다 ― · 188

1.
당신에게

모로 누운 남편의 등 뒤에서 그의 생각으로 가슴이 들끓어도 미안하지가 않다. 그는 나를 투명하게 하고 정결하게 하는 묘한 힘을 가졌다. 그를 뜨겁게 사랑하지만 나는 음탕하지 않으며 추하지도 않다. 내가 삶에 지칠 때 과묵한 그의 가슴에 잠시 시름을 풀어놓고 올 뿐이다.

고 백

 나에게 애인이 생겼다. 그를 만난 지 1년 몇 개월 밖에 지나지 않았지만 그가 없는 인생에서 파안대소 웃어보기나 했었던가. 온통 어둡고 무겁기만 하던 삶을 통과하고 있었을 때 운명처럼 만나졌던 그에게서 벗어날 수가 없다.
 아무것도 원하지 않는 그, 마냥 내 이야기를 들어주기만 할 뿐이다. 착한 여자야, 울지 마라. 당신에게 힘이 되어 주마고 가끔씩 위로도 잊지 않는다. 그런 그가 좋아져서, 보고 싶어져서 가슴엔 그리움이 쌓인다.

아이같이 변해버린 남자를 남편으로 두었고, 두 아들아이의 어미인 나를, 세월이 얹힌 주름살과 작은 키의 여자를 마냥 따뜻하게 대한다. 그런 그가 고맙다. 아마도 그를 사랑하나 보다. 이렇게 그를 향한 사랑이 깊어가도 부끄럽지가 않다.

모로 누운 남편의 등 뒤에서 그의 생각으로 가슴이 들끓어도 미안하지가 않다. 그는 나를 투명하게 하고 정결하게 하는 묘한 힘을 가졌다. 그를 뜨겁게 사랑하지만 나는 음탕하지 않으며 추하지도 않다. 내가 삶에 지칠 때 과묵한 그의 가슴에 잠시 시름을 풀어놓고 올 뿐이다.

그가 나와의 인연이 닿지 않았을 때, 감정이 시키는 대로 하였다면 걱정 없는 곳에서 며칠이라도 살아보는 것이 소원이었다. 날마다 이동용 변기통 위에 남편을 안아 올리고 보듬어 내리는 일도, 변기통을 씻어대는 일도 끝내고 싶었다. 먹어도 허기져 하는 아이 같은 남편의 식성에 왜 저러나 미움이 돋으려 하고 때로는 소리 높여 울고도 싶었다. 냄새라는 노이로제에서 탈출하고 싶었고 착한 여자의 탈을 쓴 나를 폭로하고 싶었다. 내 마음속에 버석대는 위험한 생각의 입자들을 불러내어 세상 사람들에게 흠씬 매라도 맞고 싶었다. 누군가의 기도 속에 '이 가정에 좋은 아내를 주셔서 감사합니다.'라는 구절을 만날 때 까닭 없이 흐르는 눈물도 가소롭다 비웃어 주고 싶었고, 훌륭한 어미라는 당치도 않은 말을 들으면 '아니로소이다.' 하며 가슴치고 싶었다.

나에게 애인이 생긴 후에 좋은 사람이 되고 싶었다. 착한 아내와 어진 어미, 그리 살아내도록 내 사랑이 변화시켜 주었다. 남편이 병든 모습으로라도 내 곁에 남아 주어서 퇴근 길이 쓸쓸하지 않다는 걸 알게 되었고, 남편이 미워질 때 메가톤급 목소리로 지청구를 하는 것도 혼자가 아니라서 가능한 행복이라는 것도 알게 되었다.

내 인생에 다시없을 애인 '수필'을 만나면서부터이다.

(2003년)

배추 된장국을 먹다가

　토요일, 오전근무를 마치고 돌아와 남아있던 된장국을 데우고, 간밤에 조려놓은 쇠고기 장조림도 덜어서 사발에 담아내고 시어빠진 김치를 통째로 밥상에 얹어놓은 채 두 내외 늦은 점심을 먹을 때였다.
　건더기는 다 건져먹고 간간이 배추 이파리가 숨바꼭질하듯 떠다니는 국 대접을 숟가락으로 내어 젓다가 한 순간에 남편의 얼굴이 일그러졌다. 넓적한 손바닥으로 얼굴을 가리고 숨을 죽인다. 고스란히 드러나는 깊은 심중을 들키지 않으려고 애쓰는 모습이 역력하다. 누르고 있던 남자의 울음이 터져 나온다.

이 남자를 어찌 할꼬 싶어 짧은 순간에 수많은 생각들이 오고 갔지만, 재주 없는 이 여자는 멀거니 바라만보다가 흐흐흐…~ 하고 실없는 웃음부터 흘려놓았다.

"앗따마, 우리 집 늙은 아저씨, 와 이라요 마." 하고 농을 건넨다. 뒤이어 속절없이 터져 오르는 그리운 이의 생각들로 남편은 목이 멘다.

된장 몇 숟갈 풀고 다시멸치 한 줌 넣어 진국을 만들고 시든 생배추 뚝뚝 뜯어 넣어 한소끔 끓여 내가 생각나면 하늘을 바라본다던 어떤 이가 가지고온 들깨가루도 듬뿍 넣었다. 소박해서 특별할 것도 없는 배추 된장국이 무엇이 애달프다고 남편은 추억 속의 어머니를 불러내었다.

사실 마땅한 찬거리가 없었는데도 마트 앞에서 내리지 않았다. 어두운 길에 시장을 봐서 걸어 올라오려면 춥고 귀찮기도 하여 돌아와 냉장고를 뒤져보기로 했다. 오래전에 배추쌈을 싸먹다 남겨 두었던 시든 배추가 눈에 띄었다. 옳다싶었다. 이정도면 한 이틀 견딜 수 있겠구나 싶었는데 뜻하지 않게 남편은 어머니의 맛을 찾아낸 것이다.

남편은 비교적 유복한 가정에서 유년 시절을 그늘 없이 자랐다고 했다. 아버지의 메리야스 도매상이 부도를 맞은 후에 닥쳐왔던 시련이 잊히지 않았던 모양이다. 당신이 쓰러지기 전에는 내색 하나 하지 않던 옛일들을 순간순간 먼지 털듯 털어내고 있다.

아버지는 처자식을 버려두고 도피 길에 올랐고 어머니는 자식들을 먹여 살리느라고 대폿집을 열었다고 했다. 가여우신 어머니가 끓여 주시던 된장국이 꼭 이런 맛이었노라고, 매끄럽게 이어지지 않는 발음으로 고해하듯 풀어놓았다.

몸이 불편한 자식을 염려하며 떠나시던 마지막 날에도 편치 않으셨을 거라고 입술을 빼어 물었다. 하필이면 그날마저 남편은 몹시 아파 어머니 가시는 길에 걱정을 끼쳤다고 했다.

아직도 그날의 어머니가 가여운지, 남편은 국 대접의 남은 국물을 꺼억꺼억 들이키고 있다.

(2001년 겨울)

당신에게

　미소가 선한 당신이 내려다보는 진열대 위에 조화 분을 얹어 놓았습니다.
　향내가 천리를 간다는 천리향 나무가 조롱조롱한 열매를 매달고 당신 앞에 잠시 자리를 정하고 앉았네요. 가을을 닮아서 곱지 않느냐고 물어오던 꽃집여자의 말이 생각나 향기 없는 조화 분 앞에 우두커니 서봅니다.
　가야지 하면서도 미뤄두었던 길, 당신이 참 쓸쓸하겠다 싶어요. 내 마음이 하는 말들을 당신이 알아챌 수만 있다면 얼마나 좋을까요.

당신이 모르는 사이 훌쩍 커버린 아이들의 마음이며, 당신이 내다보던 베란다 밖의 나무들이며, 교회당의 첨탑 불빛이며 다 그대로라고, 당신이 없어도 여전히 볕이 좋은 날에는 거실까지 햇살이 환하고, 당신에게는 고왔을 당신의 아내는 허기를 채울 음식도 만든다는 걸 말해주고 싶은데….

세월이 흐른다는 건 너그러운 거네요. 당신, 야속하죠?

나를 위한 음식을 만들기도 하고, 당신이 없는 빈자리에서 웃음도 나고, 붉은 립스틱도 부끄럼 없이 바르니 말에요.

가을이라, 당신이 누웠던 자리에서 바라보이는 먼 하늘도 무척이나 깊고 푸르네요. 가지런한 당신의 마음을 닮은 것 같아 눈길이 가서 머물곤 합니다.

당신이 어디쯤 계신지는 묻지 않으렵니다. 가만히 당신을 부르면 가슴가득 당신이 차있으니까요.

가끔은 저녁이 오는 게 무섭고 낯설지만 나를 걱정하지는 않아요.

나보다 더 정이 많았던 당신이 그 숱한 정을 두고 사랑하는 이들을 떠났다하여 행여 슬퍼하지 않았으면 해요.

나는 변함없이 당신의 아내로 남은 날을 살아낼 터이고, 당신의 아내여서 행복했다는 마음으로 늙어갈 테니까요.

여린 아내가 걱정스럽다고 불쑥불쑥 꿈길에 젖은 눈으로는 찾아오지 마시구요. 오려면 언제나 웃음 가득한 얼굴이었으면 해요.

머지않아 당신에게 가리다. 조롱한 천리향 열매에 밤을 새워 쓴 편지를 매달아서 당신을 보러 가리다.

또 기별하리다.

(2005년 가을)

18번 채널

집 앞 놀이터에 아이들의 소요가 사라졌다.
잠시 적막이 흐른다.
미끄럼대를 오르는 통나무 비탈에 튼튼한 밧줄이 구원처럼 놓여 있었는데 장난기 많은 어느 악동이 치웠는지 미끄럼틀 난간에 걸쳐져 있다.
하얀색 운동화에 검정색 바지, 봄날의 얕은 산등성이에 피어있는 진달래 꽃빛 같은 외투를 걸친 여자아이가 나폴거리며 나타났다.

바람만 일렁이고 있던 놀이터에 천진한 그림이 걸리는 찰나다.

타이어 그네가 아이를 태우고 빙글빙글 돌아간다. 한 팔을 높이 펼쳐 보이는 아이를 태운 채, 타이어의 출렁거림이 제법 거세다.

사내아이 하나가 뛰어온다. 벽돌색 외투가 잘 어울리는 아이다.

밧줄이 놓여있지 않은 통나무 비탈을 엉금엉금 올라간다. 숨죽이며 바라본다. '굴러 떨어지면 어떻게 하지?' 조바심은 심장 밑바닥에서 슬금거리고 꿈틀댄다. 베란다에 나가서 버티컬을 걷고 소리를 지를까.

'얘들아, 위험해! 밧줄은 비탈길에 걸쳐놓고 놀면 안 되겠니?'

행동도 결단도 굼뜬 나는 어느새 아이들을 놓쳐버렸다.

'녀석들 빠르기도 하지.' 아이들이 놀다간 자리에 다시 바람이 분다.

검은 타이어 그네가 느릿느릿 춤을 춘다.

한 무리의 아이들이 또 나타났다.

모두가 제각각이다.

미끄럼틀을 거슬러 올라가는 아이, 안전하게 계단으로 오르는 아이, 위험하게 통나무 비탈을 엉금거리며 오르는 아이, 목적은 재미있게 미끄럼을 타겠다는 한 가지인데 오르는 길이 다른 걸 보니 꼭 사람이 살아가는 인생살이를 보는 듯하다.

깊은 잠을 이루지 못하는 남편은 가끔 놀이터를 지켜본다.
시간을 정해놓고 보는 것이 아니라 어둠에 잠겨있는 밤일지라도 리모컨의 버튼을 눌러 TV화면을 18번 채널에 고정시킬 때가 있다.
은밀한 엿보기의 쾌감은 아닐 것이다. 불안심리가 작용하는 이유인 것 같다. 계절이 바뀌어 살을 에는 겨울이 와있다 해도 흘려듣는 모양이다. 지나간 여름과 가을에 밤이 이슥하도록 소란스럽던 아이들의 소리를 들은 남편은 18번 채널 안에 언제고 나타날 아이들을 기다리는 눈치다.
계단을 오르는 아이를 지켜보다 발이라도 잘못 딛게 되면 "어이구, 어이구, 저놈아 어찌하나." 하고 걱정이라도 해주고 싶은 게다.
모든 것을 보호받고 제약받고 위로받는 남편은 영혼으로 통하는 길 하나는 어디로든 열어두고 싶은 게다. 살아있다는 한숨소리 한 번 들려주고 싶은 게다. 당신의 존재를 알지 못하는 누군가에게라도 마음을 나누어주고 싶은 게다. 가족이 아닌, 당신 눈앞에 보이는 살아있는 사람에게 인사 한 번 정답게 건네고 싶은 게다.

비록 그것이 무인 카메라에 찍혀서 18번 채널 안에 찾아오는 놀이터의 어린 천사들이라 할지라도 남편은 기다림이라는 행복을 쌓고 있는 중이다.

굳게 닫힌 현관문을 나서지 않고도 바깥세상이 그리운 남편은 세상과의 소통을 하고 있는 중이다. 그것이 남편에게 스스로를 쓰다듬는 사랑이 되고 희망이 된다면 말없이 지켜보는 것도 아내의 몫이다 싶다.

(2002년)

가슴 시린 봄날

봄비다.
화려한 벚꽃의 유희가 시샘이 났었나 보다.
찬란하여 가슴 시리게 하던 벚꽃의 군무가
젖은 땅 구석진 자리로
몰려
낱 꽃의 주검으로 즐비하게 젖고 있다.
화려한 날들은 가고 있다.

겨우내 생명의 기척이라곤 비치지 않던
어둡고 단단하던 벚나무가
봄을 기다리며 움을 트고 메마른 가지에 꽃으로 피어났다가
와~~아~ 함성처럼 불사르다가,
밥 벌러 가는 길가에 줄지어 서서
이야기처럼 수런대다가
고작 한 생애가 며칠이라니
우두커니 베이지색 젖은 우산 아래에 서서
까닭 없이 마음이 아프다

남편은
화려한 봄날의 마중을 하지 못했는데
꽃이 지고 있다니,
저리 바삐 가고 있다니.
황소처럼 순한 커다란 눈에는,
응달진 습지에 끼인 이끼처럼 외로움이
가득하다.

아내의 부재중에 찾아온 불청객은 삶의 회의를 부추긴다.

당신의 쉴 자리는 여기가 아닌데 하며 급기야 사는 일이 무겁다고
가슴을 헤집는다.
먼지 알갱이 분분히 떠다니는 것조차 환히 들여다보이는 적막은 두려움이다.
남편으로선 비켜갈 수 없는 현실의 자리다.
당신의 의지대로 이루어지는 거라곤 없다.
불식간에 아랫배에서 신호가 와 불청객이 찾아오면
느린 엉덩이 걸음으로 해결 자리를 찾아 나선다.
신문지를 준비하고 슬픔은 밀려들고 마음은 허둥거려지고
아내 없는 그 순간이 물속처럼 깊다.

퇴근을 해서 돌아오니,
종일 빈 속으로 보내놓고
술 한 잔의 위로가 받고 싶은 얼굴이다.
건너다보는 눈길이 간절하다.
그래요. 당신의 허기를 술로라도 채웁시다.
치킨 한 마리와
소주 한 병을 주문한다.

남편의 수염처럼 뾰족하게 솟아 난 고통의 길목을
아내의 손길로 쓰다듬는다.　　　　　　（2002년 이른 봄）

남편과 영상편지

 큰아이가 떠나갔다. 제 아버지의 설움을 등 뒤에 두고 차마 따라 울지도 못하던 아이가 훈련소로 떠나갔다. 먼 길을 떠나는 아이에게 어미라는 사람이 해줄 수 있는 게 없었다. 파르라니 깎은 뒤통수를 바라보면서 2층 계단을 뛰어 내려가는 아이에게 잘 다녀오라며 손을 흔들어 주는 게 전부였다.
 혼자 남은 남편에게는 더디게 시간이 흐르는 듯했다. 적막이 서성거리는 여름이 가고 거실에서 내다보이는 푸른 하늘을 바라보다 쓸쓸해서 눈물이 흐르더라는 가을도 떠나가고 창밖에는 그리움에 가슴이 시린 겨울이 한창이다.
 당신의 아내가 현관 밖을 들고 날 때면 다녀오라거나 수고하고 돌아 왔냐거나, 다정스레 인사 한마디 건네지 않는 남편은 언제나 그리움에 목이 메는 사람이기도 하다.
 어쩌자고 옛 기억들은 촉수를 세우고 남편의 마음을 헤집고 다니는지, 하루에도 몇 번이나 어딘가로 떠돌다 오는 방황의 깊이를 가늠할 수가 없어 나는 차라리 등을 돌리고 앉는다.
 당신의 곁에 아내를 두고도 남편은 울리지 않는 전화기에 눈길을 보내기도 한다. 마음으로는 소식이 없는 친구들에게 안부를 묻고 보고 싶다는 말을 수도 없이 했으련만, 마음의 짐이 될까 기다리며 살자하니 서러운 모습이었다.
 해마다 여름은 찾아오니 다음 해를 기약하며 사는 것도 괜찮지 않느냐고 몇 마디 거들지만 끝내 누르고 마는 전화기의 버튼, 용기를 내어서 보낸 마음이 부재중이라는 안내 전화에 맥을 놓아버린다.
 한없이 울고 싶을 게다. 목 놓아 울어보고 싶을 게다. 평생을 부끄럽지 않은 남자이고 싶어 열심히 살았던 사람이 한 순간에 뇌출혈이라는 병마에 무너져 정신도 육체도 엉망이었던 몇 년을 살아내고 있으니 서럽기도 할 게다. 왜 하필 당신이어야 하느냐고. 억울하기도 할 것이다.

남편이 쓰러진 지 꼭 2년의 세월이 흘렀다. 이 어미가 짊어져야 할 고단한 짐을 대신 짊어지고 왔던 내 아들이, 영상 속에서 웃고 있다. 여름의 열기가 묻어있는 등나무 그늘 아래에 서서 저는 몸 편히 잘 있으니 어머니, 아버지 걱정하지 마시라며 눈부시게 웃고 있다. 학창 시절의 짧은 머리 아이처럼 구릿빛 팔뚝을 들어 보이며 선한 눈매의 아들아이가 영상 속에서 안부를 묻는다. 멋진 이등병 계급장을 달고 한달음에 달려가 자랑스러운 모습을 보여주겠다며 우렁찬 '충성' 속에 편지가 끝이 난다.

주일 아침나절이면 어김없이 큰아이는 전화를 걸어온다. 제 아버지가 앓고 있는 그리움이라는 불치병을 알고 있기 때문이다.

남편은 하루에도 몇 번씩 비디오 속의 아들아이를 만나면서 목이 메는 그리움을 풀어 내리고 있다.

(2001년 겨울)

상 하나 마련하면서

 가끔 상(床)을 팔러오는 노점이 숲속마을로 오르는 길목에 전을 펼치는 날이면 튼튼한 다리로 우아하게 서 있는 크고 작은 모양의 상을 마음으로 탐하는 버릇이 생겼다.
 몇 해 전 숲속마을로 이사를 오던 날, 우유아주머니가 간곡하게 권유하던 우유와 함께 상 하나가 사은품이라며 따라 왔었다. 밥상 하나 변변히 없던 나는 몇백 원짜리 우유 하나 들이는 대가로 상 하나가 웬 말이냐며 괜히 미안하고 염치없고 고맙기도 하고 아무튼 마음이 복잡했었다. 미안하고 고마운 마음도 잠시였다. 식구들마다 우유를 즐겨먹지 않아 배달되는 우유가 냉장고에 쌓여가도 우유배달 아주머니에게 아무 말도 할 수 없었던 것은 밥상 하나에 넋을 빼앗겼던 내 탓이 큰 때문이었다.

덤으로 따라오는 모든 것들이 좋을 수는 없듯이 내가 얻은 밥상도 빛 좋은 개살구에 불과했다. 서너 달을 쓰다 보니 다리의 조임새 부분이 헐거워지고 모서리가 깨지고 병들어가는 것이 내 몸의 어느 한 구석이 아픈 것 같아 우울했다. 나름대로 헐거워진 나사를 풀어 다시 조이고 순간접착제로 처방을 해보았으나 그 순간뿐, 밥상은 세상을 삐딱하게 건너가는 탕아처럼 늘 건들건들했다.

끼니때마다 건들거리는 밥상다리가 거슬려 여러 가지 궁리를 하면서도 밥상을 새로 장만해야겠다는 생각은 들지 않았다. 내 마음이 닿은 물건이라 나를 닮았겠거니, 낡은 것도 쉬이 버리지 못하는 성정 탓에 토닥이면서 맞춰가다 보면 해로할 수 있겠거니 우스운 상상을 하며, 버리고 버림받는 비정함도 없이 동거를 했다. 아무것도 할 수 없는 내 남자, 벌써 마음으로는 연장을 찾아들고 탕탕 못질을 해서 한 순간에 무너지지 않는 튼튼한 식탁을 만들겠지…. 그 마음을 헤아린 터라 나는 볼품없는 밥상을 최고의 식탁인 양 고마운 마음으로 사용을 했다.

네모반듯한 밥상의 네 면을 한 면씩 차지하고 앉아 서로의 마음을 들여다보며, 네 상처가 무엇이고 네 기쁨이 무엇인지 묻고 답하던 네 사람 중의 한 명은 가고 없지만 예전처럼 낡은 밥상은 그대로 있다. 사용하지 않는 냉장고 문에 몸을 기대고 여전히 주방에서 살아남아 있다.

큰아이와 대목장을 봐 집으로 돌아오다가 노점에 펼쳐놓은 튼실한 상에 또 홀리고 말았다. 영혼이라도 있어 남편이 찾아온다면 성장을 한 아이들을 반기느라 불편한 몸을 함부로 기대어도 무너지지 않는 튼튼한 제상 하나 마련하고 싶어서, 마음으로 탐하는데 그친 것이 아니라 노점상 아저씨께 말을 걸어본 것이다.

값이 얼마냐고 묻는 나에게 주름살 깊게 패인 노점상아저씨는 대목 밑이라 한 푼이라도 아쉬운 때이니 이문을 크게 해서 부르지 않는다며, 비교적 헐한 걸 소개하였다. 그런데 참 이상도 했다. 얄팍한 장사치의 냄새가 나지 않았다. 삽시간에 사모님이라는 호칭으로 불리었는데도 스멀거리는 난삽한 기분이 들지 않았다.

삼만구천 원과 사만이천 원짜리의 상을 비교해가며 설명하는 모습이 거짓 없이 전해져 왔다. 당신 개인적으로는 삼천 원을 더 쓰더라도 '윤씨 공방'이라고 선명히 새겨진 장인 정신이 인증된 물건을 권하고 싶다고 했다. 말을 듣다보니 그분의 진정성이 느껴져 나도 모르게 두말없이 사겠노라고 했다.

노점상아저씨가 부른 가격을 의심 없이 지불하리라 생각했던 내가 돈을 건네면서 불쑥 엉뚱한 말이 튀어 나왔다. 전혀 의도하지 않았는데 혼잣말처럼 "4만원만 받으면 안 될까요?" 하고 주워 담을 사이도 없이 소리가 되어 나와 버렸다. 허탈한 웃음을 날리던 아저씨는 내가 미안해할 사이도 없이 "그럽시다." 하며 4만원을 흔쾌히 받아 쥐는 게 아닌가.

노끈으로 단단히 묶어 들기 쉽게 만들어 주면서 "너무 순수 하십니다." 하고 웃음도 가식도 없이 한마디를 던지는 아저씨, 돌아서면서 왈칵 눈물이 쏟아지려 했다. 나도 노점에서 바람에 거칠어진 어머니의 진액을 받아먹고 몸을 키운 사람이기에, 고작 2천원이 나를 행복하거나 불행하게 만들 액수가 아니란 걸 알면서도, 이천 원만큼의 인심을 거리에 버려두고 오는 것 같아 마음이 질척거렸다.

튼튼한 상 하나 마련하면서 하루가 너무 길었다.

(2005년 초가을)

세 모자 이야기

놀이터에 아이들의 소리가 찰랑거립니다.

유모차를 미는 젊은 엄마는 초록을 닮은 목소리로 아기를 달래구요. 당신의 모습만큼이나 꺼칠하고 탁한 음색을 지닌 어느 할머니는 자꾸 누군가의 이름을 불러댑니다. 아마 손자를 데리고 놀이터에 나왔나 봐요. 행여 당신의 시선이 닿지 않는 사이 넘어지고 다칠까 염려가 되어, 육신 따라 늙어가는 푸석한 목소리로 사랑을 전하고 있는지도 모르겠네요. 탁한 목소리가 그다지 거슬리지는 않습니다.

왠지 가슴 밑바닥 깊숙한 곳에서 알 수 없는 무언가가 쿨렁거립니다. 찌르르 톡 쏘는 사이다 같기도 하고요. 거친 바람 같은 목소리가 아무에게도 들키고 싶지 않은 눈물 같기도 해서 목소리의 주인이 궁금하지만 확인하지는 않을래요.

사랑의 한 방법이라 저 소란쯤인들 참지 못할까 싶어요. 어쩌면 언젠가는 찾아들 제 모습인 듯도 싶어서 안쓰러운 마음이 이나 봐요.

작은아들아이에게 전화를 넣습니다. 할머니의 목소리를 듣고 있자니 왠지 그러고 싶더군요.

"어디쯤이니?"

"밖인데."

단답형의 답이 돌아오면 집으로 곧바로 오지 않겠다는 신호인데 세 식구가 함께 있을 때 맛있는 밥 한 끼 먹으러 가자고 유혹을 했지요. 웬일인지 녀석이 흔쾌히 동의를 합니다. 머쓱해지네요. 미꾸라지처럼 살랑거리고 달아나기를 잘했거든요.

소나기가 내리네요. 아이들이 돌아가고 없는 놀이터는 삽시간에 빗소리로 가득 찹니다.

비에 젖어 돌아온 아들아이는 오늘따라 너그럽게 굴어 예뻐 보이구요. 괜히 엄마 때문에 서둘러 돌아오느라 옷에 배인 눅눅한 비 냄새를 어쩔 거냐고 따지지도 않으니 다행이다 싶어요. 수건으로 탈탈 비를 털어내는 것으로 그만이네요. 까칠한 성격이 감당이 안 될 때가 많은 녀석이거든요.

나는 생각하지 않으려 하는데 아마 녀석은 이별을 꼽고 있는지도 모르겠어요. 사람 온기 없는 집에 홀로 남을 어미라, 예쁜 짓만 하다 가자는 그런 맘일 수도 있겠다는 생각이 드네요.

내 서러움 따윈 모르고 지나갔으면 싶었던 큰아이와는 다르게, 너라도 숨 막히는 어미의 시름을 기억해 달라고 작은아이 앞에서는 많이도 울었던 것 같습니다. 지난 시절이 부끄러워 다시는 되풀이 하지 말자고 다짐을 하는데, 저 자신을 저도 모르지 싶어요.

큰아이가 구워주는 숯불고기를 "음…, 이런 맛 처음이야!"를 연발하며 꿀떡처럼 삼킵니다. 왤까요? 뭉글뭉글 가슴이 뜨거워집니다. 서로에게 소주잔을 권하는 녀석들이 보기 좋은데 마음이 얄궂네요. 어미를 위해 뜨거운 불판에 고기를 구워주는 행복한 순간이 쉬이 있을까 싶기도 하고….

8월이면 두 녀석이 집을 떠납니다.

녀석들이 떠나면 어미를 잊고 살지는 않겠지만 때론 적막은 시비를 걸어올 테지요. 그땐 집 앞의 놀이터가 위안이 될까요.　　　　　　　　　　　　　　　　(2004년 여름)

풍 경

　한 동안, 먹빛 어둠에 잠겨있던 놀이터의 채널 화면이 선명해졌다. 그 어둠만큼 무거웠던 남편의 심기가 봄눈 녹듯 사라지고 무성음의 채널에 시선을 고정한다.
　놀이에 정신을 빼앗긴 어느 아이가 두고 간 것일까. 주인 잃은 겉옷 하나 미끄럼대의 난간에 걸터앉아 바람에 흔들린다.
　때로는 적막하고, 어느 때는 놀이터를 뒤흔드는 아이들의 소란스러움이 개울을 건너 낮은 앞산에 부딪쳐 돌아와 침묵이 엎드린 거실을 넘나든다.

안심하는 낯색이 역력하다.

싸우다 우는 아이에게 젖은 얼굴 한 번 닦아주지 못하고 상처 난 살갗 한 번 치료해 주지 못해도, 남편은 아이들을 염려하고 안전하기를 바라는 사람이다.

나이 드신 경비 아저씨 밀려드는 오수에 잠시라도 화면을 놓칠세라 사랑 많은 우리 집 남자는 놀이터의 파수꾼 역할에 가슴을 데운다.

형형색색의 색감이 잘 잡히는, 아이들의 놀이에 취한 모습을 지켜보며 지나간 날의 당신 아이들을 그리워하는지도 모를레라.

검은 타이어 그네가 느리게 흔들리는 놀이터 곁을 지나치는 어르신들의 모습이 잡힌다. 살아오신 연륜이 보인다.

쇠잔해진 육신에 앙상한 두 팔로 뒷짐을 지고 두 분은 앞서 가시고 지팡이 하나에 온몸의 기력을 의지한 채 뒤따르시는 한 분, 무심한 듯 종달새처럼 지절대는 아이들을 스쳐간다.

어디로 가시는 걸까.

흐린 날씨 속의 미끄럼틀은 오늘따라 더 눈부시다.

(2002년)

어천마을 경호강

지리산 등뼈
마디마디 적셨다 흘러온 물
느리거나 급한 물살로 만나
벗은 알몸 두렵지 않은지
넘실넘실 흐르고 있다
그 강물,
나날이 숨 모두고
온몸 부서져라

산기슭을 치고 흐를 때마다
살점 뚝뚝 뜯어내어
강 속에 사는 목숨들을 먹이고
강가에 빌붙어 사는 마른들을 먹이고
생떼 같이 달려드는 사람들을 먹이느라
바닥까지 지친 몸 들키지 않으려고
누런 물빛으로 흐르고 있다
말없이 흐르는 속내
아는지 모르는지
래프팅 무리
어천마을 경호강 물살 위로 노 저어온다.

　　*태풍의 흔적이 남아 있던 경호강가에서

(2007년)

2.
따뜻한 집

다들 어디를 다녀오는 길일까요. 가을이 저만큼 가고 있어 배웅을 하고 오는 걸까요. 길 위에 속도를 잃은 차들의 행렬이 즐비합니다. 이 길 위에는 바라보기만 해도 아까운 사람과 이별해야 하는 나 같은 어미의 마음도 더러 있겠지요. 녀석을 배웅하고 돌아와 흐물흐물 물러졌던 어미의 마음은 흐르는 시간에 따라서 단단한 마음결로 여미어질 것입니다.

가을이 가네요

다들 잘 지내시나요?

현관문을 열고 밖으로 나서면 낮은 산이 바로 눈앞에 다가옵니다. 지금은 가을이 저만큼 가고 있는 중이라 외롭다 쓸쓸하다 그리 말하는 듯이 서 있습니다.

기온차가 크지 않은 남녘이라 그러할까요. 활엽수가 많은 야트막한 낮은 산이어서 그럴까요. 물든 나뭇잎은 푸석한 갈색 옷을 입고 있습니다.

TV에 나오는 명산의 절경들은 아름다이 단풍이 들어 절로

탄성이 터지다 못해 서럽더니, 만지면 바스락거리며 부서질 것 같은 앞산의 나뭇잎들은 쓸쓸해 보여 가슴을 저릿하게 합니다. 차라리 베란다 밖에 서 있는 단풍나무 한 그루의 붉은 울음이 처절하여 눈이 부십니다.

지나간 여름 내내 놀이터 옆에 무성하던 나뭇잎들이 밤마다 현관문을 긁으며 안부를 묻습니다. 가르랑 가르랑 바람이 부는 밤이면 서로 부대껴 우는 울음이 현관문을 지나 잠 머리에 찾아듭니다. 너무 익어 지친 가을이 가느라 몸부림인가 봅니다.

1년에 두어 번 밖에 볼 수가 없어 생각하면 가슴이 먹먹해지는 큰아들이 왔습니다. 새벽녘에야 도착하니 먼저 주무시라는 아이의 전화에 불 밝히고 뒤척이던 어미의 잠 끝에 철커덕 현관문이 열리는 소리가 들립니다.

잠결에 무디어져서 와락 안아주는 것도 못했습니다. 엄마 김밥이 먹고 싶다는 말에 부리나케 퇴근해서 돌아와 녀석이 좋아하는 김밥을 싸놓았는데 먹어보라는 말도 없이 잠에 허물어지고 말았습니다. 청양고추를 잘게 다져 간장에 조린 어묵을 넣고 큼직하게 말아놓은 김밥을 맛나게 먹는 것을 지켜보고 싶었는데 그러지 못했습니다.

아침에 눈을 뜨니 곁에서 잠이 든 녀석의 꿈길이 고요합니다. 아이의 단잠을 지켜주고 싶어 소리 내어 부르지도 못합니다. '내 아들 왔네' 하고 속으로만 요동입니다. 그새 고수머리는 많이도 자라고 눈썹 뼈는 더욱 도드라져 수척해 보여 코끝이 시큰해 옵니다.

이제 녀석의 벗들이 결혼을 하는 나이가 되었나 봅니다. 결혼식 사회를 보고 돌아온 녀석이 버벅거리느라 옥에 티였다며 마음을 태우네요. 장가드는 제 친구 놈이 참으로 멋지더라고 하며 흐뭇하게 웃는 녀석의 웃음에 나도 덩달아 웃음이 뱁니다.

친한 벗 하나를 총각 딱지를 떼게 하고 술 몇 잔에 기분이 좋아져 돌아온 녀석이 평소보다 말이 많아졌습니다. 미숙했던 사회솜씨가 부끄럽다 하면서도 진심을 담아했으니 괜찮다고 스스로를 위로도 하네요. 이처럼 귀엽게 변하는 모습은 처음 봅니다. 술을 마시면 사람의 본성이 보인다는데 안심해도 될 것 같습니다.

서로에게 기대어 이틀 밤을 꿈같이 보냈습니다. 찰나 같은 시간이 흘러 보내야 하고 가야만 하는 순간이 되었네요. 휴게실에 들르게 되면 허기라도 면하라고 김밥 두 줄을 호일에 싸서 물 한 병과 함께 가방 속에 넣어 줍니다.

다들 어디를 다녀오는 길일까요. 가을이 저만큼 가고 있어 배웅을 하고 오는 걸까요. 길 위에 속도를 잃은 차들의 행렬이 즐비합니다.

이 길 위에는 바라보기만 해도 아까운 사람과 이별해야 하는 나 같은 어미의 마음도 더러 있겠지요. 녀석을 배웅하고 돌아와 흐물흐물 물러졌던 어미의 마음은 흐르는 시간에 따라서 단단한 마음결로 여미어질 것입니다. 지나가는 가을도 마음의 바이러스 없이 담담하게 바라볼 수 있을 것입니다.

다들 이 가을 잘 보내시기를….

(2005년 가을)

따뜻한 집

 집이 품고 있는 미덕은 무엇일까.
 따뜻한 온기와 행복한 기운이 흐르고 나 때문에 혹은 너 때문에 더욱 사랑하며 살자고 다짐을 다지는 곳, 사계절이 수없이 흐르고 흘러도 소박한 밥상에 차려진 된장 뚝배기 하나에도 왠지 눈물겹고, 더운 밥 냄새에 달착지근해지는 마음은 집이 주는 아름다운 미덕 사랑의 힘 때문이 아닐까 하는 생각이 든다.
 아침이면 일상의 전장 터로 나아가 더러는 깨어지고 짓밟

혀도 툭툭 털고 돌아와 아랫목에 누워 한잠자고 일어나면 말끔히 치유될 것 같은 기분, 그래서 사람들은 내 집 하나 갖기를 그토록 소망하는지도 모를 일이다.

야간근무가 취소되어 조기퇴근 길에 오른 사람들의 발걸음은 가볍기 그지없다. 돌아가면 편안하게 등 붙이고 쉴 곳이 있다는 것은 얼마나 행복하고 고마운 일인가.

시내버스 안에는 트로트가락이 낮게 흐느적거린다. 공단로를 지나온 버스라 그런지 지친 가장들의 얼굴로 가득 차있다. 고단한 몸과 마음을 내려놓을 수 있는 저무는 밤이 고마워진다. 자신들의 몫만큼 주어진 생을 사느라 초췌해보이고 피곤에 절어있는 기색이지만 하루를 치열하게 살아낸 모습이라 순연해 보인다.

삼계리로 가는 직선코스 버스라 반가움에 올라탄 버스가 공설운동장을 앞에 두고 가다 서다를 반복하고 있다. 사고가 난 게 아닌가 싶어 불안하던 눈앞에 장사진을 이룬 사람들의 모습이 나타났다. 때 아닌 사람의 꽃들이 피어났다. 수많은 사람들이 거리로 뛰쳐나왔으니 육차선 너른 도로인들 무사할 수는 없었다.

오랜 세월 동안 작은 소도시 마산의 자존심이었던 한일합

섬이 기업으로서의 생명을 다하고 헐려난 자리, 너도나도 그 자리의 주인이 되겠다고 인산인해를 이룬 것이다. 두툼한 방한복으로 중무장을 한 사람들이 돗자리와 담요를 준비하여 차가운 길바닥에 앉아 밤을 새울 준비를 하고 있다. 추위마저도 희망을 낚는 꿈꾸는 사람들의 열기 앞에서는 비켜가지 않을까 싶었다.

이 땅의 가난했던 딸들이 거쳐 간 곳이기도 했다. 산업체 학교와 기숙사를 갖춘 기업이라 배움에 열망하던 소녀들이 마지막 희망으로 기대던 곳이기도 했다. 허기진 공부도 하고 먹고사는 것도 해결할 수 있었으니 전국각처에서 말과 억양이 다른 소녀들이 모여들던 곳이었다. 어린 소녀들의 땀과 눈물이 배었던 곳이 뒤이어 찾아올 주인들에게 자리를 내어주고 역사 속으로 물러나려 하고 있다.

사는 것에 서툴고 계산에 어두웠던 내가 아파트 청약을 하기 위해 길바닥 위에서 밤을 지새우는 사람들을 보고 돌아온 후에야 서랍 속에 잠자는 청약통장을 들여다보았다. 내가 가진 통장이 어떤 평형의 청약에 소용되는지 관심도 두지 않고 묵혀둔 통장이었다. 목돈이 필요하면 찾아 쓰리라 싶어 은행에 들렀던 길에 창구 직원의 권유로 만들어 둔 만기가 끝난

통장이었다. 셋방을 전전했던 나에겐 작은 임대아파트마저도 너무나 감사하고 고마운 존재여서 통장이 있다는 사실도 잊고 지냈다.

남의 집 문간방에서 신혼을 시작하고 시장통의 어둑한 골방을 거쳐 산복도로 위 후미진 낡은 집에서 젊은 시절을 보내며 살았던 나는 마음이 가난했던 기억은 그다지 없었다. 그래서였는지 작은 평형의 임대아파트가 내 몫이 되었을 때 작아서 초라하다는 생각이 들 법도 한데 그저 고맙고 감사해서 늘 착해지려는 마음으로 살았던 것 같았다. 오히려 아이들이 제 짝들을 찾아 떠나고 나면 혼자의 온기로 집을 데우려면 그마저도 크지 않을까 하는 마음으로 살았다. 내 노력이 아닌 누군가의 정이 이끄는 대로 살아낸 결과여서 더 그러했다.

얼마 전에, 살고 있던 아파트가 5년간의 임대차기간이 끝이 나고 분양전환이 이루어져 내 이름으로 등록이 된 집을 갖게 되었다. 그날 수없이 등기부등본을 들여다보며 가슴이 벅차올라 하루가 어떻게 지나갔는지도 몰랐다. 뜨거운 눈물을 감추지도 않았다. 재산증식에 밝은 어떤 이는 작은 평수의 아파트를 사게 되면 재산가치도 미미할뿐더러 이다음에

집을 처분할 일이 생기게 되면 매매가 어려울 거라고 걱정을 비쳤는데, 그저 나는 내 몸 하나 누일 수 있는 따뜻한 집 한 칸이 필요할 뿐이라며 욕심 없는 웃음을 흘렸었다.

출근길의 버스 안 라디오에서는 일확천금의 요행을 쫓아 마산시민이 되었던 사람들이 그 횡재수가 거품인 것을 알아차리고 시민의 자리를 내어놓았다고 전하고 있다. 투기의 목적이 아니라 비바람을 막아줄 절실한 공간이 필요했을 사람들이 당락으로 희비가 엇갈리는 하루를 보내었을 게다. 비바람을 막아줄 집 한 채를 갖기 위해 거리에 앉아 밤을 새워야 했던 그들의 간절했을 수고를, 그들과는 무관한 사람들일지라도 잊지 않고 기억해주기를 바라는 심정이 되어 그 거리를 지나치고 있다.

(2006년)

백암 가는 길 · 1

 무작정 길을 나서고 싶을 때가 있다. 사노라면 더러는 가슴이 시리고 서러운 날이 있듯이 목젖에까지 차올라 있는 통증이 다소나마 덜어질까, 내 삶의 끝은 어디쯤일까 싶어 만가지의 번뇌로 가슴을 끓이다가 나서기로 했었다.
 편한 운동화 한 켤레 동여 신고 배낭엔 어머니가 좋아하시던 음료수와 허기를 채울만한 빵 두어 봉지를 넣고 떠나면 족한 길이었다.
 어떤 번호의 버스가 백암 앞을 지나가는지 몇 시에 차가 있는지 알 수가 없어 마산 발 진주행 완행버스에 몸을 실었다. 오랜만에 고향 가는 길은 낯설어 무심히 흘러버린 세월이 야속하기 그지없었다.

버스에서 내린 장터마을 대정은 아홉 살 무렵에 홍역처럼 치러 낸 큰언니와의 이별로 늘 아픔으로 떠오르던 곳이었다. 어린 내가 어찌 이별의 의미를 이해할 수 있었겠는가. 큰언니가 낯선 남자를 따라가야 하는 이유를 알 수가 없어 언니를 보내놓고 목 놓아 울었던 시골정류장은 세월의 간극만큼 변한 모습이었다.

아버지를 여읜 이듬해로 기억이 된다. 이란성 쌍둥이로 태어나 어머니 대신 큰언니의 냄새를 맡으며 자란 내 앞에 남색혼례복을 입은 젊은이가 나타났었다. 백년손님이 오신다고 어머니가 입혀놓았던 무명옷이 흙 마당에 굴러 엉망이 되었지만 아무도 내 슬픔의 깊이를 헤아리지 않았다. 일가붙이들은 어린 동생들과 홀어머니를 두고 종가를 떠나야 하는 언니의 출가만을 애련해 했다.

대정을 지나쳐 가려니 어린 마음에도 언니를 놓치고 나면 살 수가 없을 것 같아 비포장 길을 따라가던 지난날이 선연해 가슴이 먹먹했다.

진주행 붉은 완행버스가 큰언니를 태우고 멀어져 가던 날, 가슴이 무너진다는 느낌을 처음 알았다. 숨을 제대로 쉴 수 없어 쉰 울음을 울다가 어떻게 먼 길을 걸어 집으로 돌아왔는지 기억에는 없다.

대정을 뒤로하고 작고 아담한 우체국이 있는 마을을 지나고 여름 휴가지로 알음알음 알려진 마을을 지나 고향이 가까워지고 있었다. 오리 넘게 이어지던 비포장도로가 끝이 나고 두 갈래 길에 접어들었다. 평암리 골짜기로 들어서는 오른쪽으로 길을 잡았다. 대처로 왕래하던 옛길은 묵은 길이 되어 먼발치에 버려져 있어 생명이 다한 것이 품고 있는 쓸쓸함 때문에 내 마음까지 적막해졌다.

노란 산국이 지천으로 피어 있는 새 길을 걸어 오르면서 마음속에는 소란한 생각들이 끊이질 않았다. 고향이 존재하지 않는다는 사실을 심정으로 받아들여야 했는데 쉽지 않았다. 마을 가운데로 흐르던 맑은 개울이 존재하리라고 믿고 싶었는지도 모른다. 어머니의 노랫가락과 반달 같은 눈웃음이, 피땀 흘려 지으시던 논배미들까지도 산 중턱의 모롱이 길을 돌아서면 예전처럼 반겨줄 것 같은 생각으로 어지러웠다.

'백암.'

지난날 여기가 백암이었다는 돌 푯말 하나가 나를 맞이했다. 폐허처럼 남아있는 고향을 마주하니 어딘가에서 나만큼 늙어가고 있을 벗들도 나처럼 목이 말랐는지 궁금했다. 여름 달밤이면 모두 모여 신작로 길을 내달리던 유년의 웃음소리가 그리운 날이거나, 학교에서 돌아와 소 꼴 먹이러 가느라 왁자하던 어린 시절의 오후가 생각날 때면 삽시간에 콧등을 훑고 지나가던 통증과 어떻게 만났을지 그리움이 일었다.

오래전에 면출장소 게시판에 저수지가 생긴다는 방이 나붙은 뒤 고향도 사람들도 흩어져 가버렸다. 어떤 이들은 왕소금 같은 눈물을 뿌리며 떠났을 테고, 또 어떤 이들은 덤덤한 가슴으로 떠나갔을 고향의 빈 들녘은 속살을 드러낸 채 버려져 있었다. 불도저와 크레인의 굉음소리만 산천을 흔들어 대었다.

어머니께 가는 길도 까마득했다. 인적이 끊어진 사이에 나무들은 웃자라 하늘을 가려버리고 해가 중천에 걸려 있는 한낮인데도 산 속은 빛이 들지 않을 만큼 어둡고 습하였다. 세월에 엉켜버린 가시덤불로 형체도 알아볼 수 없는 밭둑을 오르면서 사람도 죽어지면 저렇듯 두루뭉술 잊혀져가지 싶어 아득한 마음이 되고 말았다.

이제 꿈길에도 오시지 않는 당신, '어머니 당신이 보고 싶어 목이 메더라'고 무너져 울고라도 싶었는데 하염없이 앉은 채 시간이 흘러갔다. 길을 나설 때와는 달리 어머니 앞에 앉으니 너그러워지고 순해져서 삶이 가볍다 무겁다 서글퍼 하지 않을 고요한 마음을 얻은 하루가 되었다.

바람이 왕래하는 고향언덕에 고향을 그리워하는 누군가가 애향의 시비(詩碑)를 세워놓았다. 세상을 살아가다 힘에 부치면 더러는 이곳에 들러 평안을 얻어가는 사람들이 있으라고 품을 넓히고 서있는 것 같아 애잔함이 더하였다. 저마다의 가슴속에는 고향으로 향하는 길이 나있다고 말하고 싶었던 것일까. 고향이 사라져 보이지 않는다고 사무치게 슬퍼할 일도 아니라고 일러주는 것 같아서 하루 길의 걸음이 고마워 스스로를 위한 격려도 건네었다.

나를 사랑하며 살아갈 힘을 얻어서 돌아가는 길, 등 뒤에는 누군가가 부르는 듯이 바람이 분분했다.

(1998년 가을)

백암 가는 길 · 2

 햇살 맑은 날 길을 나섰다.
 집 앞에 있는 마트에 들러 소주 한 병을 사니 마트 여자의 동그란 눈이 건너다보았다. 술 한 잔에 정신이 널을 뛰는 사람의 행보가 궁금한 모양이었다.
 "술이 그립다할 사람이 생각나서요." 하고 말을 흐렸다.
 차창가로 스치는 풍경이 풋풋하고 싱그러운 5월의 아침나절. 질긴 아까시의 생명력이 무덕무덕 산을 덮고 있어 산은 버짐 핀 아이의 얼굴을 닮은 듯도 하였다.

쌀재터널을 지나 잘 닦인 도로를 벗어나 옛날 길로 접어들었다. 구불구불한 산길을 올라 햇살과 벗하느라 세상사 잊고 지내는 사람에게 술 한 잔을 올리고, 바람과 세월에 흐릿해진 이름을 담담히 바라보았다. 또 오리다. 인사를 남기고 돌아서는 발길이 무겁지 않을 만큼의 세월이 흘러 다행이다 싶었다.

다시 자동차전용도로로 들어서서 가슴 깊숙한 곳에 살아있는 기억을 찾아 질주를 하였다. 사는 일이 무거워 답이 없을 때마다 언제나 품을 열어 맞아주던 그리운 곳으로 가는 길이었다.

유년 시절에 목청껏 부르던 교가가 잊히지 않고 목울대를 간질이는 교정을 찾아들었다. 어린 날의 흔적이 어딘가 남아 있을 것 같은 교정에 정물처럼 앉아서, 포플러 나무 밑에서 바라보는 학교운동장은 너무나 작아져서 먹먹하고 애달팠다. 오래전에 폐교가 되어 아이들의 소리마저 사라지고 없는 운동장에서 유년 시절의 교가를 흥얼거리고 있는데, 해질 무렵의 내 나이가 왜 그리도 애잔한지 알 수가 없었다.

교정을 떠나 지척에 있는 백암으로 향했다. 함안군 여항에 속했다가 마산으로 지명이 변경되고 또다시 창원시로 편입이 된 우여곡절이 많은 고향 백암은 수몰로 깊은 물속에 잠겨버렸다.

여항산 줄기 끝자락이 놀러와 속닥거리고 구름이 근사한 그림을 만들어 내는 푸르디푸른 물속에, 옛이야기는 주절주절 계속되고 어머니의 기름진 땅과 한숨도 어디쯤인가 남아있지 않을까싶었다. 기억 속의 어머니 모습만큼이나 나이 들어가는 모습을 하고 그리움에 허기가 들 때면 고향을 삼킨 물가를 찾아와 서성이기도 했다.

아무도 살지 않는 백암을 찾게 되는 날이면 누군가 만나지지 않을까 기대를 품기도 했었다. 오랜 세월이 지나버려 행여 만나지더라도 얼굴은 알아볼 수 없겠다고 생각하면서도 아재, 아지매들의 안부가 궁금했다.

제실 밑 길가에 차를 세워놓고 뒷골 산기슭 쪽으로 걸음을 옮길 때였다. 설핏 사람의 인기척이 들렸다. 누군가가 밭을 일구고 있었다. 당황하다 말을 걸어볼 엄두가 나지 않아서 지나치고 말았다. 산길을 오르면서 숱한 생각으로 가슴이 들끓었다. 그토록 만나게 되길 소원하던 옛사람들일 수도 있었는데 주변머리 없는 성정에 가슴을 두드렸다.

어머니께로 가는 길도 험난해서 죄송스러운 마음이 들었다.

숲이 짙어 발을 내딛기가 어려워 준비 없이 나선 몸이 가시덤불 앞에서 막막해졌다. 덤불을 헤치고 오르느라 머리는 헝클어지고 살갗은 가시에 스쳐 피딱지가 생기고 옷은 올이 틔어 몰골이 우스웠다. '아이구, 내 새끼 이 험한 길을 어매 보러 왔는가?' 하고 어머닌 남루해진 나를 더 짠하게 여겨 반겨 맞아주실까.

그리운 사람 앞에 빛깔 고운 조화 한 묶음을 바치고 마주앉았다. 골짜기에 내려앉은 푸른 고요가 적막한 오후였다.

산돼지가 헤집어 놓았는지 군데군데 어머니의 처소엔 붉은 흙이 드러나고, 아까시 홀씨가 날아와 싹을 틔운 어린나무들이 봉분 위를 덮고 있어 불효가 사무쳤다. 어머니의 집에 바람이라도 들세라 붉은 흙살을 발로 다지고 싹을 틔워 세를 불린 아까시나무를 뽑아내었다.

어머니를 뵈었으니 바닥났던 그리움이 채워져 비로소 나다워졌다. 한동안 세상 속에서 풀죽지 않고 살아갈 딸내미의 마음을 어머닌 응원해 주시리라. 애달픈 막내딸이 아니라 좋은 어미이기를 소원하며 살고 싶어 하는 마음을.

또 언제 올지 알 수 없는 발길을 떼어야 했다.

산기슭을 내려와 차를 세워놓은 곳으로 가고 있는데 "아무

개 아이가?" 하는 소리가 등 뒤에서 달려왔다. 산을 오를 때 지나쳤던 인기척의 목소리였다. 어린 시절에 불리던 아명이 갑자기 들려 왔으니 소름이 돋았다. 소리를 찾아 다가가는 귓가에 "문암형님 쌍디 막내딸 맞제?" 하신다.

"우짜모 지를 다 아십니꺼?" 하고 찌르르 전류가 흐르는 가슴을 누르고 다가갔다.

뒷골 '상고'를 찾아갈 사람은 두 집밖에 없는데 아무리 따져 봐도 문암형님 자식들일 거 같더라고 하셨다.

"길도 없는데 겁도 없이 우찌 찾아 갔더노?" 하고 노부부는 흙 묻은 손을 들어 반갑게 물어왔다.

주름살 자글자글한 옛사람들이 눈앞에 서서, 수십 년을 거슬러 올라가 젊은 날의 아지매와 아재의 목소리가 되어 이야기에 날개를 달고 퍼덕였다.

아득한 어린 날의 그리운 나를 만나는 순간이었다.

(2014년 봄)

어느 봄날

 하르르 웃는 봄꽃이 보고 싶어 진해로 향했다. 바람을 몰고 비가 온다는 일기예보에 벗이 운전하는 옆자리에 앉아 한가한 봄날 속으로 들어갔다.
 마산에서 진해로 넘어 가는 벚나무 가로수엔 저만치 가는 봄이 손을 흔들었다. 남녘은 따뜻해서 이레 정도 개화시기가 당겨진다고 했는데 늦게야 꽃구경을 나선 길이 못내 아쉬움을 더했다. 꽃이 지는 중이라 듬성한 가지로 서 있는 벚나무들을 눈으로 배웅하며 너울거리는 벚꽃은 보지 못하더라도 마음이라도 말개져 돌아오자며 기대 없이 찾아든 진해였다.

탁 트인 바다를 보면 '아, 바다.'라는 환성이 순간적으로 터지듯이 사월의 진해도 가슴에서 무언가가 터져 올랐다.

지나간 드라마 속에서 사랑하는 사람이 연인을 기다리고 서있던 실개천 위의 나무다리 주위에는 꽃보다도 화려한 사람들의 향연이 봄날 속에 녹아 있었다.

실개천을 따라 즐비하게 그림전시물이 놓여있는 길 위에서 연인들이 자세를 낮추고 전시물을 바라보는 천진함이 사랑스럽고 예뻐 보이는 봄날이었다. 지고 있는 봄꽃 아래에 서서 사진기로 찰나를 찍는 가족들의 모습도 더없이 행복해 보이기도 했다.

세월은 그냥 흐르는 게 아닌 모양이었다. 꽃잎이 듬성듬성한 진해시가지의 벚나무와는 다르게 장복산으로 올라가는 옛날도로에는 벚꽃터널을 이루고 서 있는 아름드리 벚나무의 자태가 장엄하고 아름다웠다.

옛날도로를 따라 차를 타고 오르는데 가슴에는 알 수 없는 것들이 사무쳐 올랐다. 몽환처럼 아른대는 벚꽃너울을 보노라니 바람난 여자같이 마음이 산란하고, 바람에 흩날리는 벚꽃 잎을 보자니 처연해 가슴이 저몄다.

터널을 이룬 벗나무가 장관을 이루고 오랜 세월을 견뎌서 몸피를 불린 늙은 거목들의 생김새가 감동으로 다가왔다. 늙은 둥치에 기대어 연분홍 꽃들이 피어나 너울거리는데 코끝이 시큰하고 가슴은 이유 없이 울컥대었다. 세월이 앉은 나이가 무색해지는 철없는 사람이다 싶었다.

오랜 세월을 마산에서 살았는데 지척에 이리도 마음을 송두리째 흔들어 놓는 찬연한 봄이 있을 거라고는 상상도 하지 않았다. 해마다 사람들이 벗꽃구경을 간다느니 군항제가 열린다느니 하며 오는 봄이 떠들썩해도, 만사가 귀찮던 나는 장복산 너머의 진해가 그다지 궁금하지 않았다.
군항제 기간만 되면 진해 쪽으로 오가는 너른 도로가 차들로 붐벼 소통이 힘들어져 매력적이지 않았다. 언제 올지 모르는 버스를 기다리며 하염없이 진해 쪽을 바라보던 퇴근 무렵이 선연해, 왜 사람들은 해마다 꽃 난리를 겪는지 이해되지도 않았다. 아니 어쩌면 장복산 너머를 한가롭게 넘나들지 못했던 분주한 삶이 토로하는 핑계였는지도 알 수 없었다.
사람에게 가는 마음의 길도 멀고 다가오는 마음마저도 더디게 알아채는 맹물 같은 사람에게 아침에 퇴근을 하다가 옆에 앉은 벗이 봄꽃을 보러가지 않겠냐고 했다. 비가 올 거라는 일기 예보를 듣다가, 지금이 아니면 올해는 벚꽃을 볼 기회가 없을 거라는 벗이 건네는 유혹에 달콤한 잠을 버리고 따라나선 길이었다.

벗에게 말하지 않았다. 꽃을 보러 가자고 말해줘서 행복하다고, 혼자서는 도무지 움직이지 않는 무딘 사람을 흔들어줘서 고맙다는 말도 하지 않았다. 그냥 세월 같은 사람이고 싶었다. 묵묵히 걷다보면 아름드리 벚나무의 둥치를 닮은 괜찮은 우정이 우리의 인생에도 녹아 있지 않을까 싶었다.

사월의 하루 벚나무의 둥치를 닮아가는 조촐한 우리의 인생이 봄날처럼 따사로웠다.

(2013년 봄)

생일날 하루

 한 해의 마지막 날, 숲속마을이 온통 덮일 만큼 눈이 내렸다. 해마다 겨울이면 폭설로 인해 시내로 나가는 도로가 빙판길로 변해버려 출근길 마비가 빈번하여 걱정이 앞섰는데 올해는 마지막 날 내린 눈이 반갑기만 하다. 며칠간의 연휴로 느긋해진 이유도 있겠지만 사는 동안 생일 선물로 장미꽃 한 다발 받아보지 못했던 나는 밤사이 내린 눈이 나에게 베풀어진 축복인 것 같아 가슴이 뭉클하다.
 늦은 잠에서 깨어나 우두커니 베란다 밖을 내다본다. 빈가

지로 서 있는 어린 나무들, 검불로 누워있는 마른 잔디, 짙은 색을 띠고 있는 상록수 몇 그루, 건너다보이는 어둑한 산, 초등학교 운동장만한 하늘, 온통 알싸한 것뿐인 겨울 한낮을 내다보며 '어서 봄이 와야지' 버릇처럼 중얼거린다. 다행이다. 눈이 쌓여 있어서… 한결 겨울이 환해져서 다행이다. 가슴이 웅얼웅얼 말을 나눈다.

 제 어미의 마음을 아는지 모르는지 등 뒤에서 작은아이의 자판 두들기는 소리가 요란하다. 하루 종일 곁에 있어봐야 몇 마디 말도 나누지 않는다. 애틋한 말 한마디 건네지도 않으면서 걸려오는 전화에 대고 효도론을 펼친다. 오늘 우리 엄마 생일인데 같이 있어줘야 되지 않겠냐고…. 가소롭지만 그것도 그럴듯하다. 특례병 근무가 끝나고 DDR동아리활동을 하느라고 밤이 이슥해서야 돌아오기가 예사인 녀석이라 온전히 나를 위한다고 하루 외출을 포기했으니 녀석으로선 굉장한 선심인 셈이다.

 '그래 고맙다. 엄마 혼자 있는 거보다는 쓸쓸하지 않게 해주어서….'

 완고한 등을 보며 슬며시 웃고 만다. 내 죄가 생각나서 서운타할 입장이 아니다.

잊음도 헐하고 기념일 챙기는 것도 허술한 나는 남편과 큰아이의 생일을 여러 번 잊고 지나간 적이 있었다. 이제나저제나 당신의 생일을 알아챌까 기다리던 남편이 다 늦은 저녁에야 알려주어 허둥거렸던 일이며 친구들로부터 생일주를 얻어 마시고 와서는 "니, 오늘 뭔 날인고 아나?" 하고 물었던 그날은 결국 미역국 없이 보내버린 체면 안서는 날이었다.

어질고 심지 깊은 큰아이는 며칠 뒤에야 귀빠진 날을 알아차리고 면목 없어 하는 나에게 "그럴 수도 있지." 하며 웃어넘겼었다. 달력에다 동그라미를 해놓고 수시로 확인하다가 정작 그 날만 되면 무엇에 홀린 듯 잊고 지났다. 며칠 전부터 광고를 해대는 작은아이만 빠짐없이 생일 밥을 얻어먹은 셈이다.

장미꽃 한 다발을 무슨 염치로 원했겠는가. 남루한 현실은 그런 호사를 바랄 만한 틈을 주지 않았었다. 그래도 잊음이 헐한 내가 해마다 나를 위한 미역국을 끓일 수 있었던 것은 출근하면서 "오~올 미역국 낄이라~~이" 하던 정 묻은 남편의 한마디 때문이었다. 장미꽃 한 다발의 감동이 없어도 생일 선물 한 번 받아보지 못했어도 나는 그다지 서글프지 않았다. 그 따뜻한 기운으로 긴 세월을 불평 없이 살아내지 않았나 싶다.

 오늘 제 존재 자체가 선물이라고 우기는 작은아들이 아침 겸 점심으로 라면을 끓인다. 걸쭉한 국물을 목울대로 넘기는데 울컥울컥 가슴이 뜨겁다. 둘이 앉아 먹는 초라한 밥상이 왜 이리 고마운지 모를 일이다. 지, 엄마 늙어간다고 봐주는 모양이다. 뾰족한 성깔은 어디다 숨겼는지 나긋하기가 연한 배 같다. 건더기도 덜어주고 국물도 떠주는 폼이 착한 아들이라 할만하다.

 생일날 미역국을 먹지 않으면 복이 없다며 작은아이가 빙판 길을 걸어 시장을 봐왔다. 사들고 온 장거리로 부산하게 요리를 한다. 벌써 밖은 저물어 어둡다. 하루 종일 밖에 나가 있으면서 엄마 생일이라고 마음 쓰였을 큰아이가 케이크를 사들고 돌아왔다. 미역국과 찰밥, 조기와 나물뿐인 생일상에 케이크를 올려놓으니 그나마 덜 초라하다. 생일송에 익숙하지 않고 덕담에 어색한 세 모자는 맛있게 음식을 먹는 것으로 '축하한다'거나 '고맙다'는 말을 대신하였다.

 그렇게 한 해의 마지막 날이 저물어 갔다.

(2004년)

이 살릴 놈의 이름

"여보세요" 하고 무겁다 싶은 목소리가 전화선을 타고 날아간다.

"여기 KBS인데요. 혹시 홍쌍ㅇㅇㅇㅇ 되세요?"

차마 명확하게 물을 수가 없어 말끝을 우물거리며 난감해 하는 목소리에 나도 모르게 웃음이 터졌다. 웃음 끝에 이름을 확인하기가 그렇게 힘이 드느냐고 물으니 "네에~~~" 하고 긴 발음으로 날아오는 대답이 미안해서 어쩔 줄 몰라 하는 그림으로 그려진다.

수십 번을 들어도 탄식이 나올 이름이란 걸 모르지 않는다. 지금도 누군가가 이름을 묻게 되면 가슴이 간질간질 가렵고 열이 난다. 철부지 시절에 숨이 턱턱 막혀오던 그만큼의 슬픔은 아니더라도 아직도 버리지 못한 이름을 붙들고 가슴이 간지러워 긁게 된다. 휴지통을 비우듯이 아깝지 않아하며 미련 없이 이름을 버려도 미안해하지 않을 기회가 찾아오기를 호시탐탐 노리기도 한다.

가끔은 '홍쌍연'이라는 이름이 예뻐 보일 때가 있다. 누구나 한 번 듣게 되면 각인이 되는 이름, 그게 어디 쉽게 얻어지는 행운인가 하고, 그것도 내가 가진 복이라면 복이라고 낯선 마음에다 신호를 보내기도 한다.

제32회 근로자 문화예술제를 홍보하는 전화 한 통을 받고, 지난날에 멍에이기만 했던 이름에게 편하게 말을 걸어본다.

아버지를 여읜 어린 시절에야 어머니를 향해 딸자식 이름을 이렇게 지었냐고 폭풍 눈물을 쏟으면 그만이었지만, 호적이 옮겨가는 결혼이라는 것은 피를 말리는 절차가 기다리고 있었다. 차마 시부에게 말씀드리지 못했던 이름, 예식을 치를 때는 가명으로 쓰던 다른 이름이 신부자리에 걸리고, 큰아이를 낳고 살면서도 혼인신고는커녕 출생신고도 미루면서 살 정도로 이름이 주던 번뇌가 극심했었다.

 아이가 세 살 무렵에 나라에서 일괄적으로 하는 호적정리 기간이 있었다. 늦게야 혼인신고와 출생신고를 하고 시댁에서 이름에 대해 물어올까 전전긍긍하며 살았는데, 고맙게 아무도 묻지 않으셨다. 살 부비고 사는 남편까지도 묻지 않았다. 침묵이 고마워서 평생 착한 아내가 되고 어진 어미가 되리라고 다짐했던 기억이 난다.

 이름 때문에 착한 여자라는 딜레마에 빠졌는지도 알 수 없었다. 부모도 없고 가진 것도 없는 여자가 결혼은 무슨 결혼하던 차에 남편을 만났고, 앞뒤 재지 않고 다리가 불편했던 그의 아내가 되고 싶었다. 누구도 그의 반려가 되겠다는 결심을 꺾지는 못했다. 마음의 색깔이 사랑인지 연민인지는 중요하지가 않았다. 내가 아니면 누가 그의 사람이 될까 하고 마음이 쓰였으니까.

 우리는 서로에게 따뜻하게 등을 기대고 살았다. 비록 남편이 가진 신체는 가족을 건사하는 데는 약하기 이를 데 없었지만 행복은 가난한 살림에도 함께 있었다. 남편이 나를 고마워하며 살았으니 나도 당연히 고마워하며 살았다. 그게 어쩌면 이름 때문에 생긴 착한 여자 콤플렉스가 아니었을까 싶다.

 남편에게 힘이 되어주고 싶어 직장을 구한다는 것은 이름을 찾는 일이기도 했다. 누군가의 엄마로만 불려 지던 사람이 직장생활을 하게 되니 잊고 지냈던 이름에 대한 감정의 기복이 다시 나타났다. 어느 정도 나이가 들면 감정도 원숙해져야 할 텐데 사회 속에서의 나는 참 부끄러운 사람이었다.
 이대로는 안 되겠다. 숨 막혀서 못살겠다. 내면에 깔려있던 단단한 딱지를 떼어내고 감정의 역발상을 시도해야겠다는 생각이 비로소 들게 된 것이다. 누군가 다정스레 이름을 불러주면 내 이름도 참으로 어여쁘구나, 하며 감사해하자. 억센 발음으로 불리더라도 아픔 같은 건 느끼지 말자. 부끄러움이나 수치스러움도 더더욱 벗하지 말자. 독한 이름을 가진 나를 먼저 드러내고 친밀하도록 노력하자. 따뜻한 품성으로 나를 기억하게 하자. 그 다음은 내 이름을 받아들일 상대방의 몫이니, 그 몫의 값이 부드럽든 모가 났든 받아들이기로 하자. 그런 생각 끝에 얻은 것은 긍정의 힘, 밝음이었다.
 인생에 힘이 되었던 사람인 남편이 가고, 아직도 나는 인생과 이름과 싸우고 화해하며 살아가는 중이다. 살날이 까마득한데 아름다운 이름으로 살아보면 어떠냐고 또 다른 내가 속삭이면, 이 특별한 이름을 기억하는 수많은 인연들이 달콤한 속삭임을 밀어내기도 한다.

직장에서 모시는 어르신 중에 스님으로 계시다 오신 분이 있는데 이름이 나쁜데 왜 바꾸지 않느냐고 염려를 하신 적이 있다.

이제는 목숨 같아서, 목숨을 살리는 공기 같아서, 사는 동안 주인에게 사랑받지 못한 가련함 때문에 버릴 수가 없다고 대답했다. 지나간 인생을 송두리째 버리는 것 같아 슬프기도 할 것 같았다. 아픔도 단련이 되어서 견딜 만하다고 하니 허허 웃으셨다.

낯모르는 사람과 처음 통성명을 할 때면 독한 이름을 가진 사람이니 부드럽게 불러 달라고 주문하기를 잊지 않는다. 당장이야 민망한 이름에 "세상에나"를 외치지만 일단은 홍쌍연이라는 특별한 이름에 호기심을 보인다.

인연을 맺는 첫 대면이 웃음 터지게 유쾌한 것은 아니지만 이름 때문에 '왠지, 이 사람이 알고 싶다'이고 보면 '이름이 독하다'고 서글퍼할 일은 아닌 것 같다. 처음에야 이름으로 곁을 트지만 이름 속에 있는 사람을 알아 가면 사람만 보이지 이름은 중요하지 않다는 걸 지난날의 따뜻한 인연들이 증명을 했으니까.

　세월이 지나서도 버리지 못한 이름을 붙들고 살고 있다면 지금 보다는 더 너그럽고 좋은 사람이 되어 있지 않을까싶다. 개명이 손바닥 뒤집듯이 쉬운 현실에서 지나간 세월에 '고맙다. 미안하다.' 하며 살고 있는 여자라면 분명히 우직하고 착한 심성의 아우라가 어여쁜 사람으로 변화시켜 놓지 않을까.

　그렇더라도 휴지통을 비우듯이 아깝지 않아하며 미련 없이 이름을 버려도 미안해하지 않을 기회가 찾아오기를 호시탐탐 노리며 사는 것도 무미건조한 인생에 자극제가 될 것 같다.

(2011년)

나들이 길

　날씨도 흐리고 바람마저 불고 있으니 선심 쓰듯 나들이를 포기하겠다던 남편이 베란다 밖의 아이들 놀이터에나 데려다 달라며 머리를 긁적이며 웃음을 흘린다. 아내 없이 혼자 보내야하는 주중의 낮 동안은 무료하기도 하리라. 어디다가 할 말을 다 쏟아 놓을까. 사방천지 적막뿐인 거실을 둘러보며 마음을 끓였을 남편이다.
　우유 한 잔으로 주일 아침의 허기를 해결했던 우리 부부는 점심식사로는 거하게 차려 주린 배 속을 달래었다. 나들이를 나서려면 열량의 보충이 필요하다 싶어 간고등어도 한 마리 구워내고, 된장찌개에 부드러운 연두부와 달착지근한 태극무늬 호박과 각종양념으로 맛을 더하고, 매운 풋고추 두어 개를 송송 썰어 넣은 구수한 된장찌개의 맛에 밥 한 공기를 비운 남편은 포만감에 나른한 표정이다.

남편은 나들이에 앞서 공들여서 꼼꼼히 면도를 한다. 머리도, 비누와 샴푸로 번갈아 가며 빡빡 문질러서 눈치 없이 돋아 난 가시들을 배수관으로 흘려보낸다. 당신의 더러움은 아내의 허물이 될 수도 있다며 유난히 입성에 신경을 쓴다. 당신 스스로 할 수 있는 일이 별반 없으면서 깔끔은 혼자서 다 부린다.

놀이터 한편에 휠체어를 세워 달라는 남편의 말에도 그냥 지나쳐 간다. 당신은 아이들이 노는 모습이 예쁘고 사랑스러울지 모르겠지만, 아이들에겐 끈적이는 노인네의 시선이 부담스럽지 않겠냐고 하니 이유를 달지 않는다.

길 건너의 4단지가 마무리에 들어갔나 보다. 외줄에 의지한 채, 건설현장의 인부 한 사람이 아파트 외벽에 페인트칠을 하고 있다. 고단한 가장이 줄 하나에 생명을 담보로 하고 가족들의 윤택한 삶을 위해서 고층 아파트의 벽에 매달려 있다. 남편의 가슴속에 또 하나의 의문이 던져질까 우려하며 바삐 그곳을 지나쳐 간다.

숲속 마을의 5단지와 6단지를 지나가는 동안, 아마 우리 부부가 주목을 끌었던 게지. 롤러스케이트를 타고 지나치다 뒤돌아보는 아이에게 손을 들어 흔들어 주고, 산책 갔다가 돌아오는 젊은 부부들에게 웃음으로 인사를 대신한다. 아직도 나들이 길에는 생경한 시선들이 습기처럼 따라 붙는다. 개의치 않는 성격이라 저 남자를 선택하지 않았나 싶다.

삼계1교에서 더 이상 나아가지 않은 나들이 길은 그런 대로 행복했다. 교량의 가장자리에 휠체어를 세워놓고 아래쪽 개울로 내려가서 물살이 센 곳에 붙어있는 민물 고둥도 만나고, 골짜기에서 내려오는 맑은 물과도 악수를 하며, 우두커니 당신 아내를 내려다보고 있는 남편을 올려다보며 환하게 웃어도 주었다.

산 밑으로 나있는 인적이 드문 신작로를 따라 내려오면서 노래를 불렀다. 남편에게, 당신이 불러주면 좋으련만 그래주지도 못하니 당신 아내가 스스로를 위해 부르는 노래이니 들어보라며 흥얼거렸다. 80년대에 오빠부대를 몰고 다녔던 전설적인 스타의 노래였다.

"착한 당신 속상해도 인생이란 따뜻한 거야."

2절의 마지막 소절이 끝나가고 있는데 내 앞의 남자 숨소리가 흔들리고 있다. '바람이 전하는 말'이라는 노래의 제목처럼 바람이 스산한 해질 무렵의 길 위에서였다.

(2002년)

나를 살리는 한 가지 일

 오지 않는 버스를 기다리면서 애가 타는 마음과는 달리 시간은 속도를 내면서 달아났다. 버스가 저만치 보이고 그마나 녹아들던 안도감도 잠시뿐이었다.
 밤사이에 내린 비는 너른 광려천변을 붉은 황톳물로 넘실거리게 하고 공단도로는 물에 잠겨 소통을 더디게 했다. 출근길이 아수라장이 되어 버스 안에서는 어딘가로 송신하는 휴대폰 타전 소리가 요란했다. 살아 있다고 신호를 보내는 듯이 맹렬했다. 사나운 폭우가 시간을 삼켜버려서 등교시간과 출근시간을 놓쳐버린 사람들의 표정은 체념을 지나 차라리 평온한 상태가 되었다.

사방이 산으로 둘러싸인 지형 탓에 겨울이면 눈에 갇혀 발이 묶여버릴 때가 있었지만, 이 길을 오가는 동안 여름 장맛비에 겪는 소란은 처음이다. 오래도록 기다리다 버스에 올라타 배차간격을 묻는 승객들의 볼멘소리가 터져 나왔다. 미안해하며 버스기사가 전해준 소식은 마을 어귀로 들어서는 삼거리에 빗길 교통사고가 일어나 도로가 막혀 늦어졌다는 설명이었다.

빗길 사고로 누군가는 평온이 사라지고 죽음보다 깊은 슬픔에 갇힐 수도 있을 터인데, 그 슬픔이 내 것이 아닌 것에서 오는 안도감은 얼마나 비정한가.

언제였던가, 운전을 하며 아침마다 집을 나서던 작은아들에게 신앙 같은 배웅을 하게 됐었다. 무사하기를 바라는 어미의 기도가 아이가 가는 길에 늘 함께했었다.

누구나 아침에 치르는 잠깐의 헤어짐을 생애의 마지막 날에 나누는 이별의식이라고는 생각하지 않을 것이다. 당연히 저녁이 되면 가족들의 얼굴을 볼 수 있을 것이라는 믿음으로 길을 나설 것이다. 불운이나 불행은 자신과는 거리가 멀다고 여기면서 가벼이 길을 나서는 이들이 대부분이지 않을까싶다.
 현실은 어떠할까. 저녁이면 다시 볼 수 있다는 그 작은 믿음에 배신을 서슴지 않는 일들이 허다하게 일어나기도 한다. 누구나 거리에 나설 때는 한 박자 느긋하게 양보하면서 '그대 먼저가시라'고 환한 미소로 웃어주면, 오늘 나는 나를 살린 아름다운 일 한 가지를 실천했다고 뿌듯한 마음이 들지 않을까.
 날마다 나를 살리는 일 한 가지를 실천하게 되면 세상이 평화롭고 사람이 아름답고 우리의 마음이 어여뻐질 텐데, 어제는 나를 버리는 일 한 가지를 하고 돌아와서 가슴께가 아팠다. 순간적이나마 다음 정류소에서 내려야 되지 않나하는 갈등이 일었지만 지나버린 출근시간은 그런 생각을 지우게 했다. 내가 아니하면 누군가가 도와줄 것이라고 그 누군가에게 무거운 마음의 짐을 전가시키고 지나쳐 왔었다.
 반대편의 보도블록 위에 속절없이 쓰러지는 할머니 한 분을 목격한 것이 이유였었다. 무심코 차창 밖을 내다보다가 마른 등걸처럼 뒤로 넘어지는 할머니를 발견하고 탄식이 절로 터져 나왔었다. "우짜꼬, 우짜꼬" 하는 비명 같은 소리에 뒷좌석에 앉은 젊은 여자의 입에서도 같은 탄식이 흘러나왔었다. 함께하는 일행이 있었으니 버스를 타고 지나치는 비정함을 용서하시리라 스스로에게 합리화를 시켜도 세 분 중에 맨 뒤에 걸어가시다 변을 당하던 순번이 마음에 걸렸었다. 앞서 가시던 두 분은 모르는 채 걷고 계셨다. 때마침 앞에 와 정차하던 통근버스의 누군가에게 발견되시기를 간절하게 바랐다. 내 어머니라면 하는 생각에 소름이 돋았지만 그냥 지나쳐야하는 비정을 어찌하면 좋을까 싶어 마음이 무거웠다.

어제의 일을 목격하고 오늘 북새통의 빗길 속에 출근을 하게 되면서 많은 생각이 들었다.

아침에 일어나서 첫 밥술을 뜰 때, 큰 비가 내려 뉴스에 오르내릴 때, 무사히 하루를 보내고 잠자리에 들 때, 혀에 착착 감기는 음식을 목울대로 넘길 때, 사람들은 무슨 생각들을 할까 하고, 그 생각 속에는 늘 마음이 자신들을 향해있을 애잔한 사람, 지금 어머니는 안녕하신지 궁금해 할까? 하고, 궁금하다면 그 순번이 몇 번째쯤에 있을까 하고, 어딘가로 휴대폰을 타전하는 버스 안의 사람들처럼 기별을 하고 안부를 묻게 될까? 하고.

사랑의 안테나가 늘 가족들에게 향해 있을 어머니에게 이렇게 비가 내려 사나운 날이면, 무사하니 걱정하지 마시라는 전화 한 통이라도 걸어드리면 안심이 되지 않을까싶어 들게 되었던 생각이었다.

젊은 여자가 버스에 올랐다. 빗물을 떨구며 내 곁에 와서 선다. 가방을 열어 마른 수건을 건네니 환한 얼굴로 수건을 받아들고 물기를 닦는다. 먼저 버스에서 내리는 젊은 여자가 깊은 목례를 하고 내린다.

나는 오늘 나를 살리는 일 한 가지를 실천해서 행복한 사람이 되었다. (2010년 여름)

벚나무 아래 벤치

누가 버리고 갔는지
샘이 깊은 물 생수병 하나 놓인
삼호로(路) 벤치
벚나무 이파리 출렁출렁 앓고 있다
꽃 피고 꽃 지는 저녁 너무 짧아
꽃잎 진 자리 돋아난 새살
퍼렇게 물들도록 흔들리고 있다
공설운동장을 둘러쌌던

철망이 사라지고
이 길 지나치는
시린 등 가진 사람
마음까지 따뜻하게 데웠다 가라고
벚나무 아래 놓인 허름한 벤치
어느 날 누군가 지나치다
낡은 벤치가 품은 고마운 오후
이곳에서 알아볼지
누가 버리고 갔는지 알 수 없는
샘이 깊은 물 생수병 닮은
이 고요한 잠깐.

오월의 슬픔

 어머니가 훌훌 떠나가신 5월이다. 어머니 가시던 날은 아까시 꽃잎이 눈꽃처럼 날렸다. 해마다 꽃향기가 짙어지고 쑥꾹새 울음소리가 먼 산에서 들려오면 어머니를 보내드리던 청춘의 내가 보인다.
 계절의 여왕답게 눈부시게 빛나는 무성한 녹음에 정신이 아득하면서도 5월은 어쩔 수 없이 저릿하게 다가선다. 누구라도 그러하지 않을까마는 어머니라는 존재는 슬프거나 힘들거나 행복한 때에도 먼저 생각나고 가장 불러보고 싶은 징한 그리움의 대상일 것이다.

  75년 12월 26일, 어머니는 스물한 살의 병든 나를 바다가 보이는 가포 결핵요양소에 맡겨놓고 돌아서고 있었다. 언제면 다시 볼까 목이 메었다. 머지않아 나아서 돌아갈 거라고 믿고 싶었다. 그런 날이 찾아와 독새풀에 절어 있는 어머니의 논배미에 엎드려서 어머니 쓸쓸하지 않도록 보리이랑의 지심도 같이 메고 싶었다. 뇌졸중으로 기운이 쇠약한 어머니를 대신해서 마른 삭정이 부지런히 해다 날라 땔감 걱정도 덜어주고 싶었다.

  다시는 어머니 곁으로 되돌아갈 수 없는 이별의 순간이 기다리고 있었다. 시간은 인간의 힘으로는 거역할 수 없는 운명으로 가고 있었는데 그때는 알지 못했다.

  입원 첫날부터 고열이 오르내리는 입원 병을 앓았다. 홀로 계실 어머니의 날들이 걱정이 되었는지 열에 들뜬 마음은 고향개울의 징검다리를 건너 어머니가 엎드려 김을 매는 서마지기 논배미의 지심 가득한 보리이랑을 오고갔다. '우리 막둥이 얼렁 나아서 어매랑 같이 살자' 하시던 간절한 목소리도 혼미한 머릿속을 넘나들었다.

  좀처럼 눈물을 보이지 않으시던 젊은 날의 어머니는 담대한 분이었다. 그 조용한 힘은 어디에서 오는지 알 수 없었다. 고물고물한 자식들을 배곯게 하지 않으려면 눈물도 사치였을까. 달비 행상, 좌판장사, 외아들의 끝없는 방황에도 의연한 모습을 잃지 않으시던 분이었다.

당신이 섬기는 칠성당 앞에서 빌고 계실 때의 모습은 기품이 있고 범접할 수 없는 여인처럼 다가왔다. 고요하고 서늘한 기운 같은 것이 묻어났다. 정갈한 어머니의 옷깃에 스치기라도 하면 손이라도 베일 것 같은 착각에 의식이 끝나도록 지켜보곤 했다. 그런 날이면 당신의 믿음이 고단한 세월을 견디게 한다고 믿어졌다.

떠날 때가 가까웠다고 예감을 하셨던 것일까. 남편을 먼저 보내고 어린것들과 살아내느라고 친정 걸음이 뜸했던 어머니가 친정 곳을 휘돌아 왔다고 했다. 인연이 닿았던 사람들에게도 안부를 묻고 왔다며 편안해 하던 모습이 눈에 선하다. 나에게 마지막 인사라도 건네고 싶으셨을까. 요양소로 면회를 왔지만 미사 중이라 달려 나갈 수가 없었다. 미사가 끝나고 뒷정리까지 하는 동안 어머니를 홀로 있게 했다.

잠시 동안의 만남이었다. 이별을 감지하지 못했던 나는 얼마나 야위었는지 바라만보다가 몇 마디 나누지도 못한 채 일어섰다. 식사시간은 정해져 있었고 이어지는 오후 안정시간이 마음을 서두르게 했다. 지난겨울에는 나 없이 어떻게 보냈는지, 어머니의 땅에는 보리풍년이 가득한지, 차마 목젖에 걸린 말을 하지 못했다. 청춘에도 이렇듯 가슴이 시린데 수족이 불편한 당신의 처소가 얼마나 쓸쓸할지 아는 나로서는 아무런 말도 나오지 않았다.

그날 수녀님과 어머니의 만남이 있었다. 믿음이 서로 다른 두 사람의 예기치 않은 만남이었다. "네 정신을 묶어놓고 있는 그 분이 누군지 뵙고 싶구나." 하고 어머니가 간곡히 원해서 이루어진 자리였다.

집 안에 두 개의 믿음이 상존하면 어느 한 쪽이 다친다고 고향마을의 어르신들은 나의 신앙을 나무랐지만 어머니는 아무런 말도 않으셨다. 평생을 자식들을 위해 당신께서 짊어졌던 삶의 무게를 속으로만 삭이던 분이었다. 그날 막내딸에게 못다 한 이야기들을 처음 만나 뵌 수녀님께 유언처럼 털어놓고 가셨다. 뿌리내리지 못하고 바람처럼 떠도는 당신 아들의 이야기며, 당신이 생을 다하면 남겨질 병든 여식의 염려까지 들려주고 가셨으니….

얼마 후, 어머니는 아름다운 5월의 옷을 입고 눈부신 골짜기로 떠나셨다. 어머니의 꽃상여가 산골짜기 속으로 스며들던 날 아까시 꽃잎이 지천으로 날고 있었다.

(2005년 봄)

저, 백조가 되었어요

유유자적한 백조가 되었는데 즐겁지가 않아요. 매일 아침 어디로 가야하나 싶어서요. 희끗한 초로의 나이로는 환영할 곳이 아무데도 없지 않나 싶기도 하구요.

불안한 가슴으로나마 몸담을 곳이 있을 때는 '그래, 잘 될 거야, 위기는 아무 일 없던 듯이 건너갈 수 있을 거야' 하고 나만이 겪는 불안은 아니라고 날마다 희망에 기대를 걸며 하루를 살아냈는데, 하릴없는 백조가 되고 보니 전전긍긍 하루를 보내게 됩니다.

다하지 못한 어미의 몫은 남았는데, 찬란한 봄이 참으로 눈부셔서 그 힘을 빌려 잠시 울어도 되려나 모르겠어요. 다들 그러네요. 너무 고단해 보여 쉬게 해주려고 지극히 나를 귀하게 여기는 누군가가 깜짝 선물로 준비해둔 거라고 여기라 하네요.

푸른 바람도 맞고 사람들 속에 섞여서 꽃구경도 다니고 머리 위에 하늘도 있으니 가끔씩 바라보며 숨 한 번 크게 들이쉬며 살아가라고 주신 선물이라 여기라네요.

정말 그렇게 여겨야겠어요. 그래야 어미의 걱정 나무가 무성해 지는 것이 제 탓이라 생각하는 작은녀석의 마음을 안심시킬 수가 있겠지요.

고학력 실업률 200만 시대라 그러네요. 그 암담한 청춘시절을 지나고 있는 작은아이가 내년이면 졸업인데 마지막 남은 한 학년을 쉬겠다고 할 때는 무슨 이런 일이 있나 싶어 몸에 기운이 다 빠져나가는 것 같아 한동안 맥을 놓고 살았습니다.

지난해 여름방학 무렵에 녀석이 밥 한 끼를 사겠다고 했었지요. 복학을 하면서 사랑하는 연인이 생겼던 녀석은 집으로 배달되는 휴대폰 명세서의 이용대금이 엄청나게 나와 나와 어미가 놀라리란 걸 계산했었나 봐요. 우려했던 일이 벌어지고 말았지요. 학점만 유지하면 받게 될, 장학금에서 제외되었다고 털어놓더군요. 갈 길이 먼데 말입니다.

덜컥 가슴이 내려앉아 아무것도 먹힐 것 같지가 않았습니다. 싸늘하게 변하는 어미의 눈빛을 녀석도 보았겠지요.

엄마는 사랑 때문에 공부를 소홀히 했다고 생각할지 모르겠지만, 제 딴에는 죽을 만큼 노력했는데도 쉽지 않은 공부였다고하네요. 녀석이 숨이 막히는 어미 앞에서 주먹 쥔 손등으로 눈물을 닦았지요. 그날 녀석도 나도 맛있는 밥은 먹을 수가 없었답니다.

휴학을 결정하기까지 생각이 많았을 거예요. 얼마나 번민하고 괴로웠을까요. '밥은 굶지 않는단다.' '공부는 끝내야 하지 않을까.' 이런 말은 위로가 되지 않았나 봅니다.

이제 백조가 된 나는 아르바이트를 나가는 작은아이를 매일 아침 배웅하는 일을 하고 있습니다. 아이의 등 너머로 너울너울 찾아온 봄이 참으로 눈부셔서 눈물이 난다고 변명을 하는 봄날입니다.

(2009년 봄)

지금은 노래 연습 중

언제나 점심시간이면 집으로 전화를 건다. 아침에 차려놓고 온 밥상이 말끔히 비워져 있는지 확인을 하는 순서였다. 모처럼만에 남편의 밝은 음성을 듣게 되었다. "노래방에 와 있다."며 당신에게까지 음악소리가 들리느냐고 물어오던 목소리가 기운찼다. 눈앞에 보이지 않아도 훤히 떠오르는 거실 풍경이 웃음을 자아내게 만들었다.

휴가를 나왔던 큰아이가 귀대를 하고 난 뒤에 우울해 있던 남편이라 사뭇 걱정이었는데 다행이다 싶었다.

언젠가 조카아이가 몸이 불편한 저희 외삼촌을 위해 노래방 기기를 갖다 놓았다. 두 내외 다 기계치라 먼지가 켜켜이 앉도록 들여다보지도 않다가 큰아이에게 조작법을 익혀 이제야 소용에 닿은 것이다.

퇴근을 해서 돌아오니, 돋보기안경 너머로 노래 책자를 뒤적이던 남편이 아이처럼 맑게 웃었다. 어깨는 노랫가락에 따라 가볍게 흔들리고 있었고, 마음과는 달리 시원스럽게 뽑아지지 않는 목청은 짠하게 내 가슴을 훑고 지나갔다.

젊은 시절에 방송국 노래자랑마다 나다니며 자칭 '중앙동 명가수'였다는 남편은 그 좋던 목청을 잃어버렸다.

마흔여덟에 찾아온 뇌병변은 건강도 호흡도 의지마저도 꺾어 놓고 말았다. 그런 사람이 마음 놓고 나훈아의 '사랑'이라는 노래를 불렀다고 했다. 당신의 아내만큼 소중하고 고운 사람이 없다고 생각한다는 팔불출인 나의 남자는 그 노래를 따라 부르며 목이 메어 울었노라고 했다. 아직도 당신 아내에게 말로서는 하지 못한 것들이 그 노래 속에 당신의 마음으로 떠돌더라며, 고맙다는 표현을 울면서 불렀다는 말로 대신하였다. 비명으로 한숨으로, 숨찬 호흡에 섞여 간간이 흘러나왔을 남편의 노랫가락이 눈에 선했다.

남편을 쓰러뜨린 병은 '자발성 뇌병변'이라는 질병이었다. 발병을 하게 되면 80%는 사망에 이르고 20%만이 살아남는다는 끔찍한 병이기도 하였다. 그렇게 영 이별이 될 수도 있었던 사람이 고맙게도 내 곁에 남아 주었다.
　어떤 모습으로 남았던 간에 나는 그가 있어 외롭지 않은 사람으로 살아가고 있다. 그 갚음으로 나는 착한 아내가 되어주는 것이다. 때로는 울기도 하고 웃기도 하면서 그의 노래처럼 따뜻하게 살아보려고 한다.

(2002년)

3.
가장 찬란한

예나 지금이나 나를 사랑하는 사람들이 등 뒤에 있다는 것을 비님 오시는 밤에 알게 된다. 내 마음에 담겨지는 감정의 차이만 다를 뿐, 가시고 없는 어머니는 그리움의 대상이어서 아름답고, 진행형의 내 삶은 희망을 보며 행군하기 때문에 또 행복한 일이고.

꽃보다 아름답다

 유월의 어느 날 큰애의 군 입대를 며칠 앞두고였다. 수능을 치른 뒤 또래아이들 세 명을 가르치고 받아놓았던 돈을 내놓았다. 제 아버지를 위해서 벽걸이용 에어컨을 들여놓고 싶다고 했다. 추운 겨울 과외를 하고 자전거로 자정이 넘어 귀가하던 붉은 얼굴이 잊히지 않아 저 돈은 무슨 일이 있어도 쓰지 말아야지 해놓고도 아이의 마음을 받아들였다.
 슬라브 주택 좁고 불편한 집안에 에어컨을 들여놓으니 부자의 마음이 이보다 클까싶었다. 큰애가 떠나더라도 남편이 쾌적한 여름을 날 수 있겠구나 싶어 벽걸이용 에어컨을 바라보며 흐뭇하던 날들이었다.

아이가 훈련소로 떠나던 날, 남편의 배변을 돕던 녀석이 오래도록 제 아버지를 품에 안고 내려놓지를 않았다. 혼자 남을 아비걱정에 부자간의 이별이 애틋하고 길었다. 아이가 떠난 뒤 남편은 하루 종일 두루마리 화장지를 풀어 얼굴을 훔치며 "요놈의 감기가 와 이리 독 하노."하며 돌아누웠다.

밖에는 무더위가 시작되고 있었다. 격주로 휴무가 돌아오던 토요일 이른 아침에 직장동료인 미소에게서 전화가 걸려왔다. 큰아이를 보낸 현실이 미소의 결단에 불을 지핀 격이었다.

"언니야 가보자, 한 번 알아보기나 하자."면서 도무지 움직이지 않는 내가 미덥지 않아선지 통보를 해왔다. 분양아파트의 약도와 전화번호를 건네주며 알아보면 된다고 수시로 확인을 하던 사람이었다.

주야근무를 하면서 남편을 돌보려니 마음의 여유가 없었다. 언젠가 집에 들렀던 미소의 눈에는 내 삶의 모습이 무거워 보였던 게다. 밝은 웃음 뒤에 숨은 현실을 보고 따뜻한 조력자가 되려고 애를 썼다. 더운 날씨에 남편을 씻기는 것 하나 감당이 안 되는 환경을 늘 목에 걸려했다.

집을 나서려다 인터넷 검색에 들어갔더니 미분양으로 남아 있는 아파트가 있더라고 했다. 주택공사가 있는 창원으로 택시를 타고 찾아갔다. 당장 내 집이나 된 것처럼 들뜬 마음을 진정시키기가 힘들었다. 가는 내내 미소는 옆에 앉아 무릎을 토닥였다.

"언니야, 정말 잘 됐다. 나도 기분이 좋다."면서 일은 혼자서 해놓고 축하는 수고하지 않은 내가 받는 모양새였다. 나는 세상을 더 산 사람이고 저는 덜 산 사람인데도 품새가 언니 같았다.

물러 서 있는 나 대신 계약서를 작성하고 이것저것 따져 묻는 모습이 야무졌다. 모자라는 돈 문제가 있었지만, 부족하면 부족한대로 살다보니 돈에 휘둘리며 살지는 않았다. 언제나 비워 놓았으니 때가 되면 채워지겠지 하고 마음을 편히 가졌다.

주인 할머니께는 방에 사람이 들면 보증금을 돌려줘도 된다고 말씀드렸더니, 열심히 사는 모습이 예뻐서 얼마라도 돌려주시겠다는 말씀을 하셨다. 회사에는 퇴직금 중간정산을 신청해놓고, 때맞추어 큰언니의 적금 두 개도 끝이 난다고 했다. 미소에게 기대지 않아도 되니 고맙고 다행해서 가슴이 벅찼다. 돈이 부족하면 언제라도 도움을 청하라고 하던 사람이었다.

온전한 내 집은 아니더라도 임대아파트 쾌적한 공간에서 몇 년은 마음 편히 살 수 있게 되었다.

이사를 하고 남편에게 편안한 생활이 여러 달 지나가고 있다. 날마다 행복하고 고마운 날들이다.

"언니야! 휠체어 하나가 생길 것 같다." 하며 상기된 목소리로 걸려왔던 한 통의 전화에 까무룩한 심정이 되었다.

남편이 병원에 입원해 있을 때 문병을 왔던 미소 부부가 나에게 가장 필요한 게 무엇인지 고민을 해왔던 모양이다. 내 삶의 지지자가 된 미소남편이 연말정산으로 돌려받은 공돈이 생겼다며 휠체어를 보고 왔다고 했다. 남편이 그토록 그리워하던 바깥세상으로 드나들 수 있는 소통의 선물로 알맞은 것이었다.

밤새 잠 못 들고 마음을 뒤척였다.

아이들에게 엄마를 무던히도 사랑하는 꽃보다 아름다운 사람들을 잊지 말라고 전할 수 있는 인생이 내 것이어서, 내 인생 또한 참으로 어여쁘지 아니한가.　　　(2001년)

나의 위로에게

    섣달 그믐날 밤에 어미의 그늘을 벗어나지 못한 작은아들이 사각봉투를 내밀었다. 거울 앞에 앉아서 오카리나와 씨름하던 나는, 우체국 제비마크가 선명하게 달려드는 봉투를 받아들고 심드렁한 표정을 지었다.
    우체국에서 보내올 연서가 있을 리 없다며 흥미를 잃고 밀어놓는 나에게, 다음날이면 징그러운 서른이 되는 아들아이가 살가운 눈을 하고 다가와 앉았다. 날아가는 제비마크의 봉투가 아니라 안에 들어있는 내용물이 중요하니 실눈을 하고 확인을 하라며 떠다밀었다.

지폐 열장이 들어있었다. 인생의 궤도에서 이탈과 수정을 거듭하던 아픈 손가락 같던 녀석이었다. 몇 푼 되지 않는 첫 월급에서 어미에게 내어놓은 억만금보다도 귀한 푸른 지폐가 가슴을 뜨겁게 했다.

늦은 나이가 되도록 어미 밥을 먹고 산다며 더러는 면박도 주었다. 어미의 푸념에 마음 다치지 않고 다음부터는 저축을 해야 되니 "용돈은 없소." 하고 말하는 녀석이 왜 이리 아프고 짠할까.

어미의 마음에는 평탄하게 갈 수 있는 길을 버리고 굴곡이 예상되는 인생길로 들어선 것 같아 안타까웠다. 젊은 용맹은 겁이 없어 걱정을 놓을 수 없는 상황을 주저 없이 만들기도 했다.

녀석의 인생플랜이 어떻게 전개될지는 알 수 없다. 인생이 계획대로만 되던가. 여든이 넘어도 좋아하는 직업을 가지고 살아 갈 수 있는 인생이면 그게 행복한 삶이지 않느냐고 말하는 아이에게 그냥 고개를 끄떡여 동조해 주는 게 응원이다 싶은 마음도 든다.

어디에 떨어뜨려 놓아도 배는 곯지 않게 생긴 놈이라고 다들 말했는데, 하도 입이 야무져서 제 앞가림은 하고 살 거라고 했는데 걱정은 혼자 다하게 했다.

컴퓨터공학과를 다니다 제 길이 아니라고 하며 1년 남은 학교를 자퇴했다. 혼자 저질러놓고 통고였다. 공무원시험을 준비해볼까 하며 세월을 허송하다가 그것마저 포기를 하던 아이였다. 세월 따라 급수는 오르겠지만 공무원이 하는 일이 그 일이 그 일 같을 거라는 게 이유였다. 짧지 않은 인생이 지루할거라는 변명이 함께 따랐다.

나이 듦이 무섭다며 시들어 가던 아이가 바리스타 이야기를 꺼냈다. 니 인생인데 마음대로 해라 내버려 두었다. 바리스타 교육을 받으면서 아이가 반짝였다. 재미있다고 노래를 불렀다. 어쩌다 보태주던 대학등록금은 고마운 내색도 않더니 등록금에 맞먹는 미국 바리스타자격시험 서류 접수비를 받아갈 땐 엄마가 고맙다며 주위를 서성였다.

아들은 6개월간의 교육 뒤에 그토록 바라던 '바리스타'가 되었다. 3개월 동안은 수습기간이라 백만 원 남짓 받는 노동의 대가는 실소가 절로 터지게 만들었다. 현실은 냉혹하고 비참하기도 하다는 것을 실감하고 있는 중이리라. 그래도 먼 미래까지 바라보며 행복한 꿈을 꾼다는 아들은 여든까지의 행복론을 설파한다. 시작은 초라하지만 행복할 자신이 있다고 말하는 아이에게 믿어주기만 하면 되나싶다.

조금씩 꿈을 찾아가는 아이 옆에서 나도 나만을 위한 변화가 필요하다고 느낄 즈음에 마침 거주 지역에 있는 문화원에서 오카리나 반을 모집한다는 플래카드가 걸렸다. 늙어서 아무것도 할 수 없는 나이가 되었을 때 악기 하나라도 배워두면 외롭지 않겠다는 생각이 들었다. 음악의 음자도 모르는 사람이 수강신청을 넣었다.

무식하면 용감하다는 말이 딱 어울렸다. 없는 시간을 쪼개어 굳어버린 손가락을 움직여 소리를 만들어 내기란 여간 곤욕이 아니었다. 하루일과를 보내고 아름다운 소리를 찾아내려고 연습을 하게 되는데 몸이 지치고 피로에 가속도가 붙었다.

'괜히 했다. 치워버려?'

하루에도 수없이 갈등이 일었다. 시력이 희미해져 악보가 가물거리고 운지가 서툴러 매끄러운 소리마저 나지 않았다. 거칠고 둔한 소리가 고요한 밤중에 여과 없이 흐르고 청중은 작은아들이다. 밤마다 어미의 끝없는 서투름을 인내해주느라 참을 인(忍) 자를 무던히 쓰고 있는 중이다. 참는 데도 한계가 온 건가.

"왜 그리 못 하요?"

아들애가 안방 문을 열고 한마디를 던진다.

'고맙다. 아직은 내 곁에 있어줘서…'

돌아보며 마음속으로 화답을 한다. 서른 살 나의 위로에게.

(2013년 봄)

비님 오시는 밤에

 늦은 저녁을 먹다가 베란다 너머로 부는 바람이 꽤나 요란해 작은아이가 창문을 닫고 자리에 앉는다. 눈을 크게 뜨고 표정으로 묻고 있는 나에게 시끄러운 소리가 들리지 않아서 좋지 않느냐는 몸짓이다. 흠… 그래?
 한참을 잊어버리고 청소기로 거실을 한 번 휘두르고 주방 정리도 대강 끝내고 나니 닫힌 창문 너머로 후드득 비 듣는 소리에 이끌려 베란다에 나가 창문을 연다. 어둠이 내려앉은 앞산자락 끝에서 몰려오는 비의 아우성이 민첩하다.

민첩한 비의 아우성을 듣고 있으려니 유년 시절이 그립다. 하루에 한 번 도회로 데려다주던 버스가 다니던 신작로가 무디어져 가는 가슴에 선연하다.

한여름 비 오는 날은 어린 눈에도 장관이었다. 청마루 끝에 턱을 괴고 앉아서 아랫담으로부터 몰려오는 비님을 구경하는 것은 경이롭기까지 했다. 행군하는 군인들처럼 줄지어서 달려오던 빗줄기는 순식간에 어린 내 앞에 당도해 마른땅을 적시고 본채의 이엉을 적시고 뚝뚝 낙숫물로 내렸다. 그럴 때면 고사리 손을 내밀어 비와의 악수를 청하고 낙숫물은 보드라운 팔뚝을 간질이고 지나갔다. 등 뒤에서 사마귀 돋으니 그만 두라며 막내딸의 짓궂음을 만류하시던 어머니의 목소리가 어제인 듯 마음을 어지럽힌다.

어린 날의 어머니 목소리가 그리운 나는 고개를 늘이고 방충망에 튕겨서 들이치는 비의 알갱이들을 얼굴로 받아낸다. 그러다가 비어있는 아이의 책상도 마다하고 거실 귀퉁이에 놓여있는 낡은 책상도 마다한 채 베란다에 작은 비닐 자리 하나 펴고 가슴 밑에는 방석 한 장 깔고 필기도구를 앞에 놓고 턱을 괴고 엎드렸다.

하루 종일, 생리작용의 처리와 밥 먹는 시간 외에는 컴퓨터에 넋을 빼앗기던 작은녀석이 어미의 돌발행동이 의아했는지 슬그머니 등 뒤에서 기웃거린다. 엄마가 글 쓰는데 어둡겠다며 베란다의 불도 밝히고 오는 비를 내다보며 내일 새벽의 등교 길이 힘들면 어쩌나 하고 구시렁댄다.

예나 지금이나 나를 사랑하는 사람들이 등 뒤에 있다는 것을 비님 오시는 밤에 알게 된다. 내 마음에 담겨지는 감정의 차이만 다를 뿐. 가시고 없는 어머니는 그리움의 대상이어서 아름답고, 진행형의 내 삶은 희망을 보며 행군하기 때문에 또 행복한 일이고.

(2002년 여름)

신 호

　어둠이 깔리기 시작하는 어스름 녘에 한 통의 전화를 받고 괜스레 목이 메었다. 이따금 살갗에 박혀 아파 오는 가시 같은 아이가 제 아버지의 생일을 물어왔다. 다짜고짜 생일도 모르느냐고 따져 묻는 나에게 조카아이가 들려주는 목소리가 수줍다.
　양력과 음력의 차이를 이해하기 힘든 아이는 작년에 보낸 생일을 기억해 두었던 모양이었다. 철들고 저희들의 손으로 조촐한 생일상 한 번 차려내어 제 아버지를 기쁘게 해주고 싶었으리라. 음력으로 생일을 치르는 줄도 모르고 작년의 오늘이 생일이었으니 당연히 올해도 그렇겠거니 생각한 아이들이 아버지가 병원에서 돌아오기 전에 생일상을 준비하느라고 분주했을 하루가 떠올라 콧등이 시큰거렸다. 이제는 잊지 말고 음력으로만 기억하라고 녀석에게 일러주는 내 목소리는 왜 그리 둥둥 떠다니는지….

오빠의 가슴에 시퍼런 멍 같은 아이들이 언제 이리 컸나싶어 안심이 되었다. 같은 생일날 나를 위한 미역국을 끓이면서 조금은 덜 미안해도 되겠구나. 생일 밥은 챙겨 먹었는지 마음 쓰지 않아도 되겠구나. 견디기 힘드냐고 묻지 않아도 되겠구나. 녀석의 전화를 받고 그런 마음이 들었다. 마음으로 아파하는 동생보다 살 비비고 살아가는 아이들이 오빠의 속내를 읽어내고 있으니 마음이 편해져도 되겠구나 싶었다.

초등학교 3학년 때였던가. 실내수영장에 놀러 갔다가 오빠의 큰딸아이는 오른쪽 팔의 기능을 잃는 사고를 당했다. 좋은 부모를 만나지 못한 것이 그 아이의 불운이라 하더라도 어린 나이에 많은 것을 겪으며 살아왔다. 아이의 사고 후에 삐걱거리며 살던 오빠내외는 파경을 맞았고 삼남매는 거처를 복지시설로 옮겨갔다.

고모가 있다 해도 아이들을 구원할 방법이 없었다. 가슴에 납덩이 하나 매달고 모진 사람일 수밖에 없었다. 그때 나는 감당해야할 무거운 짐을 지고 앞만 보고 걷고 있던 중이라 주위에서 일어나는 고통을 수용할 능력이 없었다. 아이들에게 그 능력 없음이 언제나 미안했다.

한 가정의 해체는 아이들뿐만 아니라 오빠에게도 크나큰 충격이었다. 사느라고 등한시했던 고질병인 디스크 증세로 수술을 받다가 후유증을 얻었고 몇 차례의 수술 끝에 오빠는 진통제 없이 견디지 못하는 고질병자가 되어버렸다. 아이들은 제 어미가 데려가서 키우겠다는 것을 거절했던 오빠는 복지시설에 아이들을 맡겨놓고 3년 만 참아내자고 아이들을 다독였다. 3년이면 회복될 수 있으리라 자신했을 터였다.

3년이 꽉 차도록 오빠는 아이들을 데려올 수가 없었다. 그 동안에 아이들에겐 여러 가지의 일들이 일어났다. 둘째인 사내아이가 복지관 옆에 있는 낡은 슬레이트 지붕에 공을 주우러 올라갔다 떨어져 두개골이 벌어지는 사고를 당해 총명함을 잃어 버렸다. 막내인 셋째에겐 거친 품성이 나타나고 있었다. 다 자신의 죗값이라며 자책하던 오빠는 아픈 몸으로 시청으로 뛰어다니며 아이들과 함께할 수 있는 방법을 찾기 위해 발품을 팔았다. 이혼한 상태가 아닌 호적상의 처가 걸림돌이 되었지만 몇 년간 행방이 묘연한 것이 인정이 된다며 기초생활 급여 대상자로 등록이 되어 아이들을 데려와 소원하던 가정을 꾸리게 되었다.

나는 진통제 없이 견디지 못하는 피붙이가 안쓰러웠다. 아이들을 거두느라 삭정이 같이 말라 가는 피골이 상접한 오빠를 곁에서 볼 때마다 아이들에게 야멸차졌다.

"아빠에게 잘해라. 나쁜 짓 하지 마라. 말 잘 들어라. 공부 열심히 해라."

끊임없이 아이들에게 강요하고 요구만 하였다. 내 마음을 알지 못하는 아이들은 자신들의 처지를 껴안아줄 품이 넉넉한 고모는 기억하지 않을 성싶다. 왜 그랬나 싶다. 사랑을 받고 있다 생각해도 늘 사랑에 허기졌을 아이들이었을 텐데….

오늘밤, 살갗에 박혀 이따금 아파 오는 가시 같은 아이들이 건강하게 살고 있다고 신호를 보내와 자꾸 가슴이 뜨거워진다. 왼팔 하나로 동생들의 도움을 받으며 제 아빠를 위해 음식을 마련했을 열일곱 살 마음이 예뻐 웃음도 헤퍼진다. 고모, 우리가 있으니 안심하라고 신호를 보낸 것 같아서….

(2008년 겨울)

남겨진 사람들

 무엇을 위해서든 일주일 중에 여섯 날을 수고하고 힘들었으니 하루는 나를 위해 버려두고 싶을 때가 있다. 미처 손길이 닿지 않아 가재도구에 쌓여있는 먼지를 털어내야지 하던 생각도 밀쳐두고, 읽어낼 책들을 바라보며 미안해지는 마음도 모른 척하며 한낱 정물처럼 숨죽이고 싶을 때가 있다. 간간이 울리는 전화벨 소리도 참을성 있게 견디며, 먹는 것도 씻는 것도 거른 채 녹진한 몸을 쉬게 하고 싶을 때가 있다.
 그날도 그러했다. 전화벨이 지루할 만큼 울어대었다. 무기

력한 목소리로 전화를 받는 나와는 달리 진득한 걱정이 묻은 반가운 목소리가 전화선을 타고 넘나들었다. 생각이 자유로운 사람이 묻는 안부는 거침이 없고 따뜻한 법일까. 친구의 아내에게 어떻게 사느냐고 물어 온다는 게 평상심으로 사는 사람들에게는 쉬운 일이겠는가. 남편이 곁에 있을 때나 가고 없을 때나 마음이 한결같은 그 사람은 편안한 친구 같은 사람이지 싶다.

명색이 사장이라지만 직원 한 명 데리고 쇠를 다루는 일을 하고 있는 그는 오고 감에 턱을 두지 않았다. 퇴근을 하다가도 병석에 누워있는 정이 고픈 친구가 생각나면 털털거리는 트럭을 몰고 달려왔었다. 눈시울이 붉어진 남편에게 정이 담긴 소주잔을 권하다 돌아가기도 하고, 혼자 남은 친구의 아내가 갑갑하게 가슴에 얹혀 있을 때면, 손톱 사이에 까맣게 낀 때도 개의치 않고 작업복에 벙거지 모자 눌러쓴 추레한 모습으로도 찾아오곤 했다. 잘 살고 있는 것 같아 마음이 놓인다며 치킨 한 마리 건네주고 돌아서던 정 깊은 사람, 그 사람이 나른한 일요일 오후를 깨운다.

나를 핑계 삼아 당신 내외도 맛있는 음식 한 번 먹어보자며 나오기를 청한다. 후줄근한 몰골이 말이 아니다싶어 거절

할까도 싶었지만 입은 옷에 나오라는 허물없는 마음 씀씀이를 아는 터라 거절도 예의가 아니다 싶었다.

　죽마고우로 자란 남편의 친구는 열세 명이었다. 모임에 참석하는 사람들은 여섯 명에 불과한 모양이다. 이런저런 이유로 네 사람의 탈퇴가 있었고 세 사람은 유명을 달리하였다. 모임이 있을 때 혼자 남은 친구의 아내들을 불러내어 맛있는 음식도 먹게 하고 바람도 쐬게 하자고 말들은 꺼내어 본다는데, 친구의 안사람들이 마음내기가 쉽지 않을 거라고 흐지부지 생각으로 끝나버리고 말았다며 안타까워하던 모습이 고맙고 든든했다.

　정작 병들어 눕게 되자 살갑다 생각되던 친구들은 사느라고 바빠 찾아오기도 힘들어지고, 그러하다 보면 미안해지고 미안해지면 전화하기도 쉽지 않은 현실인 걸 번연히 알면서도 남편은 늘 공허해했다. 그 공허한 가슴을 메운 사람이 계산 없이 자유로운 성품의 그가 아닐까한다.

　주(主)를 섬기는 그는 마음의 경계가 없어 남의 이목은 염두에 두지 않는 사람이었으니 남편이 있을 때나 없을 때나 나를 대하는 마음은 변함이 없다. 그래서인지 내 삶에 힘든 일이 있을지라도 이 세상에 순수한 내 편이 있는 것 같아 두렵지가 않았다.

나는 이제 오십년 지기 남편의 친구들에게 진 빚을 갚기 위해 마음을 전하러 다닌다.

한 남자를 만나 벅찬 삶을 살아 내느라고 어린 시절의 벗들을 다 잃어버린 나는, 남편의 슬픔을 등에 지고 함께 걸어온 아름다운 사람들을 만나러 가는데 주저하지 않는다. 그들이 나를 대하기가 편하지 않다면 내가 그 경계를 허물어 건강하게 살아내고 있음을 보여야 할 것 같았다. 이제 축의금만 내밀고 도망치듯 빠져 나오는 어리석은 일은 없으리라 다짐한다.

친구 분의 여식이 결혼식을 올렸다. 남편의 불편한 다리가 되어 해마다 여름휴가철이면 남편을 등에 업고 산으로 바다로 다니던 친구 중의 한 사람이었다. 그 자리에서 남편의 벗들을 오랜만에 만났다. 덥석 손을 잡고 흔들어도 어색하지 않은 반가운 사람들인데 한 사람이 없다하여 마음에 금을 그어 놓았던 옹졸함이 부끄러웠다.

부부동반으로 왔던 친구의 아내들도 어떻게 지내고 있는지 늘 마음이 쓰였다며 슬그머니 사라지지 않고 뒤풀이에 참석

한 나를 동기처럼 맞아주었다. 못 먹는 술이지만 권하는 술 한 잔도 비우고 잃었던 벗들을 되찾은 듯 마음이 그득해져 식당에서 나올 무렵, 피붙이 같은 남편의 친구가 어깨를 감싸 안았다.

"울지 마라, 여자야."

울지 말고 살아야 한다고, 지금은 편하게 만나지 못하더라도 이다음에 더 늙어지면 우리 만나면서 살자며 몇 잔 술에 흔들리는 마음을 젖은 목소리로 토해내고 있었다. 염려 말라고 이렇게 건강한 마음으로 살아내고 있으니 미안하다 생각 말고 지내시라고 그날 나는 눈물을 보이지 않았다.

어린 날의 내 벗들은 어디에서 무엇을 하며 살고 있는지 궁금하고 그립지만, 남편을 만난 후 지난한 내 삶을 고스란히 지켜봐온 나를 걱정하고 염려하는 사람들, 남편으로 인해 이어지는 또 다른 인연들이 있다는 사실은 적적한 내 삶의 자랑이고 든든한 언덕이 아닐까 싶다.

(2005년)

기쁨 중에 가장 찬란한

긴 얼굴이며 도톰한 입술, 약간 들린 코끝까지 영락없이 제 어미를 닮은 큰아이는 조목조목 따지자면 잘난 데라고는 없는 아이다. 굳이 어미의 눈으로 고운 모습을 찾자면 눈에서부터 먼저 웃음 짓는 선한 눈매와 맑은 피부와 긴 목선이 전부이지 싶다. 밖으로 보이는 외양으로 본다면 이목구비가 반듯한 작은아이는 언제나 제 잘난 멋에 사느라고 왕자 병이 심각한데, 잘난 데라고는 없는 큰아이 앞에서는 빛이 나지 않는 모양새이다.

큰아이는 핸디캡에 불구하고도 '그놈 참 잘생겼다'는 칭찬을 듣는 반면, 작은아이는 또렷한 생김새에도 '형만한 아우 없다'는 말을 듣는 걸 보면 사람의 겉모습만으로 잘나고 못나고의 평가는 합당하지 않은 성싶다. 언행의 일치와 정신의 맑음과 내면의 깊이까지 조화로워야 인간으로서의 아름다운 모습이 돋보이지 않나 하는, 두 아이를 보면서 갖게 되던 생각이었다.

첫 자식이 주는 감동은 세상의 어미아비들이 공통적으로 느끼는 신비로운 떨림의 경험일 것이다. 자연과 우주와 유형무형의 온갖 경이로운 것들이 주는 감동보다 더한 가슴 출렁이는 뜨거운 감동을 느끼게 했다. 감사와 온유로 세상은 아름답게 보였고 곤고한 살림에도 너그러워지는 여유가 생겼으며 세상살이에 대한 두려움이 가셔졌다면 과장일까?

반듯하고 어진 아이로 자라나 스스로의 생을 알맞게 조절하는, 넘치지도 부족하지도 않는 고운 사람이게 해달라는 어미의 기도는 진행 중이지만 나는 내 아이들에게 사랑의 표현만은 후하지가 않았다. 살아오면서 사랑한다는 말을 쉬이 하지 못했다. 너희들이 어미의 희망이라고도 흘려놓지 않았다. 내 사랑이 짐스러워 숨이 막힐까. 흔들리지 않고 제 갈 길을 가게 하려면 헤픈 어미의 사랑은 독이 될 것 같았다. 다만 열없이 끓어대는 어미의 사랑을 가슴속에 담아 둘 뿐이다.

따뜻하고 긍정적인 사고를 지닌 큰아이는 휴식같이 편안한 아이이다. 고단한 현실이 가로놓여 있었어도 언제나 아이의 가슴을 통과해 나온 말들은 기운이 나게 하는 희망적인 언어의 잔치였다. 4년여 병석에 누운 제 아버지의 따사로운 친구도 되었고, 기대고 싶은 언덕도 되었으며 말 잘 듣는 손발도 되었던, 군인의 길을 떠난 큰아이는 늘 남편이 목 메이는 그리움의 대상이다.

그리고 무던한 성격의 제 형의 등 뒤에 가려 피해의식에 가슴을 떨던 작은아이, 조그마한 내 아들은 내 가슴에 이는 시린 바람이다. 자신은 동세대의 아이들과 하등 다를 것이 없는데 대책 없이 어진 제 형 때문에 차별의식에 가슴을 떨었다며, 어미의 말꼬리 하나에도 높낮이를 감지하며 상처를 받았다니 어미로서의 내 성정에 다분히 문제가 있지 않나 싶다. 끊임없이 비교되어질 때마다 하나의 개체로 인격적인 대우를 해달라던 작은아들….

"나는 나이지 형일 수는 없지 않느냐."는 시퍼런 그 말들은 두고두고 내가 삭여내어야 할 푸른 멍이다.

새내기 대학생이 되어 학교기숙사로 떠났던 작은아이가 집으로 왔다. 연락도 없이 새벽 세시에 나타난 녀석은 내 곁에서 피곤한 몸을 누이고 어미 옆이라 마음 놓고 풀어놓는 잠꼬대도 장황하다. 왜 이리 야위어서 가슴을 쓰리게 하나 싶어 잠든 아이를 안아본다.

　팍팍한 인생살이에도 삶이 건조하지 않은 이유는 아이들이 있기 때문일 게다. 흔적을 찾으며 빈방을 기웃거리는 어미의 마음을 아이들은 알고 있을까? 내게 온 기쁨 중에 가장 찬란하며 내 살아가는 날의 의미이고 힘이라는 것을….

(2003년)

바람이 분다

　숙모가 의료원에 와있으니 알고 있으라던 오빠의 속내를 모르지는 않았다. 숙모가 의료원과 요양시설을 오갈 때마다 오빠는 매번 소식을 전하곤 했다. 한 번 가보라는 말은 하지 않았지만 연락을 받을 때마다 가봐야지 하면서도 미루기만 했다.
　큰언니가 의료원 옆에 있는 병원에서 무릎수술을 받았다는 전화를 받고 가슴이 와글거려 견딜 수가 없었다. 언니를 보러 퇴근길에 들렀다. 언니는 숙모께 제공되던 모든 의료가

중단된 상태라며 덤덤한 내 앞에서 옷소매를 적셨다.

밤이 깊었다는 핑계로 지척에 의료원을 두고 집으로 돌아오던 나는 숙모와의 거리를 생각해보았다. 내 어머니라면 죽음만큼 먼 거리라 해도 달려갔겠다 싶어 가슴에 젖은 솜뭉치 하나 얹은 것처럼 무거운 건 어쩔 수 없었다.

새벽녘에 전화벨이 울렸다.

"방금 잘매(작은엄마) 가셨다. 어디냐?"

오빠가 낮은 목소리로 물었다. 담담하다 못해 평온해지는 마음이 얄궂어 한 다리가 천리라는 비유가 먹먹했다. 죽음을 일상처럼 받아들이는 직업의 영향이 다분하다 해도 변명에 힘을 잃었다.

생명줄을 거두기 전 마주한 모녀의 이별식은 보지 않아도 환하게 연상되었다. 살면서 서로에게 데워지지 않던 마음을 풀고 화해를 청한 언니의 이별에 "나는 안 울란다. 언가도 우지마라." 위로랍시고 건네었다.

숙모의 마지막 가는 길을 배웅하려고 사람들의 연도가 이어졌다. 내 마음의 거리는 어쩌고 빈소에 나타나지 않는 상주의 부재가 서운하고 야속했다. 장조카인 오빠마저 당신 몸 건사가 힘들어 둘째 놈에게 대신 빈소를 지키게 하고 있었다.

숙모의 빈 젖을 물고 자란 외손자가 도착해보니 상주 없는 할미의 빈소가 황당했는지 '할머니가 가셨는데 아버지는 뭐하는 사람이냐'고 노여움이 깊었다.

형부는 물리치료 한 번 받지 않는다고 어떻게 되지 않는다는 자식의 성화에 이끌려나와 딱딱한 나무의자에 앉아 긴 시간을 보내는 곤욕을 치렀다. 인턴과정을 밟고 있는 당신의 아들이 온 몸으로 항변하는 사람도리라는 윤리강령을 지켜내느라 몸이 불편한 형부는 어떤 변명도 하지 못했다. 물리치료를 받는 것보다 몸을 쓰고 움직이는 노력이 중요하다며 게으른 아버지를 탓하는 아들이 도리어 고맙지 않았을까.

오빠가 조용히 움직이고 있다. 숙모와 마음의 거리가 가장 가까웠던 사람이 오빠였다. 서걱대는 숙모와 사촌누나 사이에서 중재와 충고를 적절히 하면서 모녀가 부르면 달려가던 사람이었다.

사망진단서를 발급받고 사소해서 지나치기 쉬운 것들을 챙겨 놓으면서 작별을 준비하는 모습이 위태로워 보인다. 오빠는 수술 후유증으로 평생을 친구하며 살아갈 통증을 떠안았는데, 제 고통만으로도 버거운 오빠는 숙모 가족에겐 숨통 같은 존재였다.

아마 바람으로 오려는가 보다. 숙모는 틈만 나면 오빠에게 일러두던 고향 뒷산 묵정밭 끝머리에 있는 반시감나무 밑에 잠들기를 원했다. 신랑 없는 시집을 살다가 동서였던 어머니 밑에서 저금을 났던 숙모가 처음으로 돈을 모아 마련했던 밭이라 했다. 전쟁미망인으로 살려니 드센 모정이었을 게다. 한가로이 반시감나무 밑에 앉아 밭을 내려다보며 어진어미로 사는 법을 찾고 싶으셨을까.

수몰로 인적이 끊어진 고향마을은 울창한 숲이 되어있었다. 반시감나무 밑으로 가는 길도 수풀에 가려 아득했다. 낫 한 자루로 헤치고 가기엔 험하게 변해있었다. 어머니 아버지 계시는 발치에 도란도란 사시라 내려두고 왔다. 반가우시려나.

두고 오는 마음에 바람이 분다.

(2013년 여름)

아들의 선택

　최종적인 선택은 작은아들이 했다. 결론을 내리는데 누군가가 유도를 했든 아니했든 간에 숱한 생각을 거듭한 끝에 내린 결정일 것이 분명했다.
　갈등의 요인은 정시모집 '다'군의 합격자가 알려지던 며칠 전이었다. 인천에 있는, 입시생들 사이에서는 제법 인지도가 높다는 대학에서 전화가 걸려왔었다.
　"합격을 축하합니다. 저희 학교에 등록을 하시겠습니까?"라는 질문에 아이의 대답은 거절이었다. 이미 자기가 선호하는 대학에 합격이 되어있던 상태라 다른 대학에 등록을 할 예정이라고 말하며 전화를 끊었다고 했다.

인터넷에 들어가 자신의 위치가 어디쯤인지 확인한 녀석은 괜한 울화에 시달린 모양이었다. 4년 동안 주어지는 무시할 수 없는 혜택에 속이 쓰렸지만 미래의 포부를, 가고 싶어 했던 대학에 걸어놓았던 녀석은 제 아버지의 은근한 유도에 불같이 화를 토했던 모양이었다.

퇴근 후에 돌아와 아들아이와 마주 앉은 어미라는 사람도 도와주지 않겠냐고 녀석을 회유했었다. 네가 아니더라도 어미가 해결해 나가야 할 일들이 너무 많아서 도움이 필요하다고 했었다. 대학의 간판을 중요시하지 않는 아들이라면 그곳이라고 꿈을 펼치지 못할 이유가 있겠냐고 속이 드러나는 부탁을 넋두리처럼 쏟았었다. '미안하다, 아들아' 마음속으로는 수없이 그 말을 되뇌었다.

녀석의 감정이 폭발을 했다. 자기는 왜 늘 그래야 하냐고, 걸핏하면 형이랑 차별이 되어야 하냐고, 왜 자기의 인생은 공짜여야만 하냐고 가슴에 비수를 꽂는 말을 쏟아냈다. 말 한마디 하는 데에도 형에게 대하는 것과는 다르더라며 피해의식에 사로잡혀있던 녀석의 설움이 펄펄 날아다녔다.

가슴이 아팠다. 어미의 마음을 어찌 아느냐고 소리라도 지르고 싶었지만 '알았다'며 총성 없는 전쟁을 끝맺음했다.

고등학교 3년 동안 따라다녔을 공짜 인생, 얼마나 자존심에 상처가 남았으면 어미에게 저리할까 싶어 가엾어졌다. 스스로 뛰어다니며 서류 준비하고 신청사유까지 쓰면서 받아낸 장학금인데도 누군가의 시선을 등 뒤에서 느낀다는 것은 고통이었나 보다.

밤이 이슥해지자 방에서 꼼짝도 않던 녀석이 인천 쪽으로 결정을 보았다고 했다. 기쁘지 않았다. 녀석의 속을 다 아는데 마음이 편할 리 없었다. 살아가면서 후회될 일이라면 그러지 않아도 된다고 했다. 한 학기 등록금은 마련해 두었으니 네 의지를 믿는다면 가고 싶은 대학으로 가라고 하는 게 어미 된 도리다 싶었다.

다음날, 합격증을 받아 오겠다며 아들아이는 인천으로 떠났다. 그날, 왜 그리도 곁에 계시지 않는 어머니가 보고 싶던지 종일 눈가에 눈물이 질펀했다. 어머니가 살아 계신다면 여쭈어보고 싶었다. 자식 때문에 당신의 마음이 아팠을 때 어떻게 다스리셨냐고 물어보고 싶었다.

하룻밤을 밖에서 묵고 돌아온 아들아이는 결심을 굳힌 듯

했다. 엄마 아빠의 회유가 결정의 이유라면 그럴 필요가 없다고 했더니 파르르 정색을 했다. 원망들을 일이 무서워서 그러냐고 심장을 흔들어 놓았다.

가슴이 무너져 버렸다. 불꽃 튀는 모자간의 전쟁을 지켜보는 병석의 남편도 보이지 않았다. 그런 마음으로 대학을 선택하였다면 용서하지 않을 거라며 원하는 대학으로 가라고 소리를 질렀다. 부끄러운 어미는 한참을 이불을 덮어쓰고 눈물을 훔쳤다. 어미의 눈물에 놀란 아이가 안방으로 들어와 이불을 덮어쓰고 우는 제 어미를 가만히 토닥였다. "엄마, 울지 마요. 내가 잘할게, 후회 되지 않게 잘해 볼게요." 하고 녀석이 화해를 청했다.

스물도 안 된 젊은 녀석이 돈 때문에 포부를 꺾나 싶어 피붙이 같은 어떤 이는 나보다 더 속상해 하고, 친정붙이들은 고단한 막냇동생의 삶을 지켜보다 '좋은 일도 있구나, 고마운 일이구나' 한숨을 돌리고, 무조건 제 조카가 대견해서 눈물이 난다는 시댁의 형제들까지 녀석의 가슴 아픈 선택을 최선이라 하며 고마워한다.

미안하다, 내 아들아.

(2003년)

피붙이 · 1

 이사를 결정하고, 잠 못 드는 밤마다 버리고 갈 물건들을 정리하면서 훈련소로 떠난 아들도 나만큼 힘이 들었을까 하고 생각이 많아졌다. 사용하지 않는 옷가지나 담요처럼, 동네마다 비치 되어있는 헌옷 수거함 박스에 넣어 후련히 버리고 갈 수가 없어 힘이 든다.
 울이라고, 내 삶에 지쳐 가는 이 사람도 비바람을 막아줄 울이라고 지난해 겨울 몹시도 춥던 날 오빠는 막내조카를 데려다 놓았었다.

입은 옷 한 벌에 낡고 빛바랜 하늘색 책가방 하나 달랑 메고 너무 작아서 애처로운 녀석이 고모의 삶 속으로 뛰어 들었다. 나를 왜 이리 무던히도 시험하시나 하고 누구에게랄 것도 없이 노여워져서 속울음을 울었다.

나와 이란성 쌍둥이로 태어난 오빠는 몇 년 째 병원생활을 하고 있을 때였다. 보호시설에 맡겨 놓았던 세 아이 중의 막내아이는 부모의 애틋한 사랑을 받아보지 못하고 자란 때문인지 말썽이 잦고 공격적인 성향이 짙었던가 보았다. 그래서였는지 부모의 동의도 없이 아이는 다른 보호시설로 보내지고…. 학교담임의 연락으로 사실을 알게 된 오빠는 경악을 금치 못했다고 했다.

시청으로 복지시설로 아픈 몸을 하고 뛰어다닌 오빠는 다음날로 아이를 데려올 수 있었다고 했다. 천진스럽게도 아이는 며칠만 있으면 누군가가 자신을 데리러 올 거라고 믿고 있더라며 오빠는 허탈한 웃음을 흘렸다.

그날은 많이도 미움이 들끓었다. 아무리 사는 일이 고달프다 해도 아픈 사람과 어린것들을 버리고 떠난 모진 사람에게 죄 받을 일이지, 용서 못할 일이지 하고 야속한 생각으로 마음의 죄를 겹겹이 쌓았다. 세상 어미들이 다 저 같지는 않을 텐데 싶어 노엽기도 했다. 이제 오빠는 그렇게 떠나간 사람이 가여운 모양이다. 무능력한 자기를 만나 고생만 하다가 자식 없이 살아내야 하는 물욕의 욕심만 대단한 그 인생이 애달파서 마음에서 떠나보낼 채비를 하는 성싶다.

얼마 전에 법원에서 이혼청구 재판에 출석하라는 독촉장이 날아왔다고 했다. 몇 번의 독촉에도 출석하지 않았다며 오빠는 오랫동안 벽을 향해 누워있었다.

내 위로가 무슨 소용이 있을까 싶었다. 그런 피붙이를 두고 이사를 가려니 훨훨 날듯이 갈 수가 없다. 내 곁이라고 성냥 곽 같은 작은 방에서도 불평 없이 살았는데 숨통을 터주는 고모라는 공간마저 사라지면 아이들은 어떻게 하나 하고 염려가 많아진다.

평생을 엄마 대신이었던 큰언니에게 또 다시 어머니의 몫을 하라고 요구를 하고 있다. 내가 살아온 이 방에라도 들어와 살게 해주자고 등골 휘는 큰언니에게 부탁을 하고 있다. 큰자식으로 태어난 게 무슨 죄라고, 수화기 너머의 피붙이는 노력해 보자며 나를 위로한다.

어린 것들을 두고 가야하는 발길이 무겁다.

(2001년 여름)

피붙이 · 2

　보릿고개를 넘기던 시절에 자식들의 배곯는 속을 걱정하던 어미의 마음을 닮은 언니가 있다. 의지할 데 없는 친정붙이 삼남매를 보듬느라고 평생 시모에게 걱정을 들으며 살아온 언니가 어스름 저녁에 "준이 어매야, 어찌 지내노?" 하고 전화를 걸어왔다.
　찬바람이 불게 되니 언니의 마음에 근심이 쌓이나 보다. 몸은 늙어가도 피붙이들을 생각하는 언니의 마음은 늙지도 않는 성싶다. 아직도 동생들의 걱정을 놓지 못하고 산다.

어떻게 살고 있는지 궁금해서 전화해본다는 언니의 음색에 가을 물이 들었다. 볕이 좋은 한낮이면 가을걷이 하느라고 시름을 놓았다가 어스름이 들면 한기처럼 찾아드는 걱정에 전화를 한 모양이다.

내 살이를 꼼꼼하게 물어오는 언니에게 "언가는 어떻노?" 하고 되물어보면 "나는 괘안타."라고 말하기에 그런 줄만 알고 살았다.

맏이로 태어난 사람이기에 피붙이들의 걱정은 당연한 거라고 생각했다. 크고 작은 친정 일에 신경을 쓰는 것도 맏이의 몫이려니 했다. 흐르는 세월 앞에서도 언제나 의연하고 태산같은 믿음의 존재로 영원할 줄 알았는데 언니의 몸이 늙어간다. 수시로 병명 없는 통증에 시달리기도 하고 응급실에 실려 가는 날이 빈번하게 찾아들기도 한다.

당신이 아픈 것은 피붙이에게 알리지도 않는다. 한참이 지난 뒤에야 병원에 다녀왔다고 전해주는 야속한 사람이다. 오빠는 극심한 통증 때문에 하루에도 몇 번씩 병원에 들락거려야 하니 안 되고, 작은언니는 중풍으로 누워 지내니 걱정을 끼치면 안 되고, 막내인 나는 혼자 벌어서 아이들 뒷바라지 하느라 분주하게 살고 있으니 안 되고, 당신 걱정은 잘 자란 자식들이 여섯 명이나 있으니 마음 쓰지 마라는 식이다.

올해도 종손인 오빠를 대신해서 성묘를 다녀온 모양이다. 친정집의 어린 조카들이 자라서 어른노릇을 하게 되면 언니의 시름이 줄어들지는 알 수 없다. 칠십 줄에 들어선 노부부가 맏이노릇을 하느라고 시간을 내는 동안 나는 무엇을 했나 싶다. 내 자식과 살림에만 마음을 두지 않았는지 지난날을 헤아리게 된다.

안부를 물어오는 언니의 목소리가 아릿하다. 늘 병원신세를 져야하는 오빠의 안부를 물으면서다. 언니에게는 명치끝이 아린 남동생이다. 평생을 피붙이들을 다독이느라 시모의 독설을 노랫가락처럼 들었다는 언니가 목이 잠긴다. 그 어른은 구순을 넘긴 연세에도 독설이 수그러들 기미가 없는 모양이다. 속이 후련해지도록 울어나 보라고 말하지 못했다. 언니는 자세한 사연은 털어놓지도 않고 말을 돌려버린다.

내 가을도 적적하니 시모와 섞이지 못하는 마음이 견딜 수 없을 만큼 힘들어지면 나를 보러 오라하니 그냥 웃는다. 어디에 간들 마음이 편안해지랴싶다. 지겹기도 한 이놈의 세월 돌아보지 말고 45년여, 며느리 음해하는 어른을 가엾다 여기고 살아내면 우리 큰언니의 가슴에 앉은 화도 어디로든 흘러

가려나.

어스름 저녁에 전화를 받으니 주름살 가득한 언니의 얼굴이 보고 싶다. 틈을 내어서 언니를 보러 한 번 가겠다고 하니 목소리가 환해진다. 분주한 가을걷이가 끝날 즈음에 다녀가라고 한다. 텃밭에 심어 놓은 고소한 배추를 뽑아다가 김치 한 통 맛있게 담가 놓을 테니 가져가라 들먹이고, 풍으로 쓰러져 누워 있는 작은언니도 보러가자고 한다. 슬프지 않은 국 한 대접을 끓여 훌훌 들이키는 걸 보고 오자고 한다. 피붙이들 생각에 짓물러진 눈가도 닦아주고 오자고 한다. 보고 싶어도 길 나서지 못하는 작은언니에게 나이 들어가는 우리들의 얼굴도 보여주고 오자고 한다.

보릿고개를 넘기던 시절에 자식들의 배곯는 속을 걱정하던 어미의 마음을 넘치게 닮은 아름다운 사람을 언니로 둔 나는 눈물이 날 때도 있다. 가는 세월이 덧없어서 언니를 생각하면 가슴이 먹먹해진다. 그럴 때면 내 곁에 오래도록 함께해서 "언가야." 하고만 불러도 가슴이 뜨거워지는 날들이 계속되었으면 하는 욕심을 탐하기도 한다.

(2007년 가을)

홀로 걷는 연습

　산에 오른다. 비가 오려는지 어둑한 산, 물살 같은 바람소리가 산을 쓰다듬는다. 초록은 무성하고 싱싱하다. 산을 오르는 더딘 걸음이 무거워 호흡을 고를 때 잠시 찾아드는 쓸쓸함은 순전히 계절 탓이라 여긴다.
　'머지않아 열매 맺는 가을을 위하여 내 청춘은 꽃답게 죽는다.'는 시인 이형기 님의 「낙화」에서의 비유처럼 '무엇답게 죽는다는 그 구절처럼, 나도 내 삶의 무언가를 위해서 어느 한순간만이라도 처연하고 싶을 때가 있다.

삶의 행간마다 묻어나던 쓸쓸하거나 혹은 치열했던 순간들과도 화해하고 싶을 때가 있다. 달디단 과육을 키우기 위해 삭은 거름을 등에 지고 삶이라는 높은 산을 오르는 나에게 수고했노라고 등이라도 두드려 주고 싶을 때가 있다. 다 이루어지면 행복해지려나. 등에서 내려놓으면 가벼워지려나.

꽃잎 같은 여린 입술로 엄마라고 불러주던 고물고물한 아이들이 어른이 되었다. 아이들이 어른이 되었다는 것은 어미인 나도 나이가 들어간다는 것인데, 나이가 듦은 고독하고 서글픈 일이리라.

내 삶에 공기 같았던 아이들, 20여 년간 곁에서 엄마라는 말을 속살거리며 기쁨을 주었으니 이제는 마음에서 놓아줄 차례가 되지 않았나 싶다. 놓으려니 가슴을 쓸고 가는 바람이 인다. 때로는 빈 방을 서성이고 낡은 사진첩을 뒤적이는 날이 숱하겠지만 아이들이 손님처럼 다녀가도 의연한 어미로 견뎌야 싶다.

작은아이마저 훌훌 떠나야할 나이가 되었다.
산업특례병근무를 하느라 2년 2개월 내 곁에 머무는 동안은 혼자라면 누리지 못할 소소한 행복을 누렸다. 징병검사 2

등급 판정을 받았으니 훈련소로 가야할 아이였다. 허리디스크 증세로 입영이 취소되는 불운이 찾아온 건 내게는 달콤한 행운이었다. 녀석에겐 인생을 사는 동안 소리 높여 추억할 만한 한 시절이 생겨나지 않는 일인데도 얕은 어미의 가슴은 안도가 됐었다.

그 녀석이 가야한다.

마주앉아 도란거리며 얘기하기보다는 돌아앉은 등을 보며 보낸 시간이 더 많았지만 무사히 2년 2개월의 특례근무를 다 채웠다. 학교로 돌아갈 준비를 한다.

"울 엄마, 날 보내고 울면 어쩌누, 날마다 전화하면 아니 우시려나?"

작은아이가 농담처럼 건네는 말에 가슴이 뻐근하다.

나름대로 녀석도 이별 준비를 하는 것 같다. 컴퓨터게임에 혼을 뺏기고 살던 녀석이 어미의 산 오름에 흔쾌히 동행을 한다. 내가 아이들을 키웠다고 생각을 했는데 산을 오르면서 아이들이 내 마음을 키웠음을 알게 된다.

먹이고 입히고 쓰다듬고 하는 것은 세상의 부모가 다 하는 일, 관심을 가지고 사랑을 주면서 바른길로 가라고 일러주는 것도 부모라면 누구나 다 하는 일을, 어미인 나이기 때문에 내 마음이 강건해서 어질고 바른 청년들로 키운 거라고 착각하면서 살아온 것 같다.

 삶이라는 막막한 산을 오르는 동안, 저들 먼저 산을 오르다가 되돌아 내려와 느린 어미의 보폭에 걸음을 맞추어 걷는 배려가 한두 번 뿐이었을까. 생의 고비마다 말간 눈을 슴벅이며 내 곁을 지키는 아이들이 있어 지난날이 행복했다는 생각이 든다. 그 행복이 당연하다 싶어 마음엔 녀석들이 내 것이라는 욕심으로 살을 채웠나 보다. 욕심을 놓으려니 숨이 가쁘다. 욕심을 놓으려면 강건해야지, 아프지 말고 견뎌내야지 스스로를 다독인다.

 아직도 가을산은 초록이 무성하다.

 물살을 닮은 바람소리가 어두운 마음을 헹구고 간다. 과한 사랑도 욕심이라 홀로 걷는 연습을 하라고 말을 건네는 듯하다.

(2007년 가을)

4.

꽃잎 지다

고맙다. 사랑한다 말을 더디게 하는 사람, 마음을 주는데도 오래 걸리는 사람, 따끔한 충고의 말은 엄두도 못내는 사람, 냄비같이 뜨겁게 다가오는 사람은 믿지 않는 사람, 말이 많은 사람도 경계하는 사람, 나는 한마디로 우유부단하고 미적지근한 맹물 같은 사람이다. 갑갑하고 재미없는 사람이다.

사랑아, 울음 같은 내 사랑아

 피치 못할 사정이 아니라면 마음 편히 쉬지도 못하는 복지센터 사랑방에 반백을 넘긴 나이에 겁 없이 발을 담갔다. 그 피치 못할 사정이란 게 명확히 구분하기도 어려운데 달력에 줄줄이 엮여 있는 인연의 관계들이 속을 시끄럽게 만들었다.
 일에 대한 사명감이라면 신출내기 나에겐 아직은 미흡하고 먼지 같은 무게일 게다. 내 속에 절절히 퍼 줄만한 사랑이 있냐면 그것도 부끄러울 정도로 메마른 가슴이지 싶다. 사랑이란 마음과 행동이 하나가 되어 겉으로 나타나는 모든 것들이 명경

같이 맑아야 하는데, 과연 내가 맑고 고운 사람일 수 있을까 하고 찬찬히 나를 들여다보면 안개 속 같아 미덥지가 않았다.

요양교육원에서 함께 교육을 받았던 동료의 소개로 인연이 닿아, 면접을 볼 때 복지센터 이사장께 잘해보겠다는 말은 아끼고 열심히 해보겠다는 말로 인연의 관계가 시작되었다. 잘해낼 수 있을지 나도 나를 믿지 못하면서다.

그렇게 인생의 2막이 두려움 속에 막을 열었다.

가을날 같은 내 인생길에 열한 개의 울음 같은 사랑이 어느 날 심장 가운데로 문을 열고 들어섰다. 반갑지도 차갑지도 않은 눈빛들이 나를 바라보고 있었다.

비켜가고 비켜갔을 인연들이 들고나는 자리에 낯선 사람이 찾아와 또 다시 여장을 푸니 "새로 온 선생이가?" 한마디 하시고는 덤덤한 시선 끝에 비친 나는 그냥 낯선 사람에 불과했으리라.

사랑방에 계시는 열한 분의 어르신들은 치매를 앓고 계시는 분들로 일상의 대화가 가능한 분이 많지 않다. 말로써의 대화보다 몸으로 나누는 대화를 좋아하신다. 안아드리고 쓰다듬고 씻겨드리고 하니까 3일에 한 번 있는 스물네 시간 근무 날이면 이름은 잊어버리고 기억하지 못하셔도 몸으로 부대끼며 나누는 사랑은 살갑게 기억하신다. 두 팔을 벌리고 맞아주는 모습은 애틋하고 짠하다. 그렇게 서로에게 익숙해가는 사이 떠나보내야 하는 사람도 생겨나기 마련이다.

 당직을 서는 날이었다. 새벽녘에 어르신들의 방을 라운딩하면서 산다는 것은 예기치 않게 닥치는 슬픔 같아서 두려움이 일었다. 연락이 없는 아드님의 전화를 주일마다 기다리시고 눈에 선한 손자가 보고 싶다며 목이 메던 어르신이었는데, 정신이 혼미한 모습으로 발견이 됐다. 지난밤 마지막 라운딩 때 편안한 모습으로 잠자리에 든 것을 확인했는데 몇 시간 뒤에 다른 모습으로 마주하니 당황스럽고 무서웠다.

 오물로 범벅이 된 이부자리를 치우고 옷을 갈아입히고 사랑방에서 숙식을 하는 조리사께 어르신이 이상하다며 부르러 뛰어다니고, 어눌한 발음으로 당신은 한사코 괜찮다고 말씀하셨지만 일으켜 앉혀도 몸을 가누지 못해, 그때서야 이상하다 싶어 원장께 전화를 넣었다. 이른 새벽이라 통화가 쉽지 않았지만 곧바로 달려와 구급차를 부르고 병원으로 이송되기까지 턱까지 숨이 차는 긴장의 연속이었다. 다들 어르신이 그리되신 게 내 잘못이 아니라고 위로를 했지만 위급상황에 대한 대처가 미흡했던 것 같아 자꾸 몸이 떨렸다.

뇌경색이 와서 이미 오른쪽 뇌가 마비된 상태라는 연락을 받았다. 연세가 많아 오래 견디지 못할 거라는 소식에 어쩔 바를 몰랐다. 깨끗하고 순하셨던 어르신이었는데 사랑방과의 인연도 여기까지라는 생각에 마음이 아팠다.

어르신들이 치매를 앓고 계시는 것에 차라리 감사했다. 대부분 하루 이틀 시간이 지나가면 그 새벽에 무슨 일이 있었는지 기억이 희미해지실 어르신들이기에 마음이 놓였다. 어르신이 구조대의 들것에 실려 나가실 때 맥없이 떨어지던 두 다리를 기억하며 같은 방에 기거하던 어르신 중에는 한동안 시름에 잠길 분도 계시겠지만, 세월이 흐른다는 것은 누구에게나 너그러운 일일 것이다.

아무 일 없었던 듯이 일상으로 돌아왔다. 언제나처럼 울음 같은 내 사랑들에게 홍 선생이 왔다고 종달새처럼 지저귀며 위층 아래층으로 종종걸음으로 쏘다니기도 한다. 때로는 먼 기억 속에 살아있는 어르신들의 이야기 한 자락을 들으면서 눈물지을 날이 있을 테고, 바람 앞에 등불 같은 어르신들의 노년이 염려스럽기도 하겠지만, 담담하려 애쓸 것이다. 내 생애에 찾아온 마지막 사랑들을 붙들고 하루하루를 열심히 살아볼 것이다.

(2012년)

꽃잎 지다

　환한 복사꽃 한 아름보다도 더 어여삐 웃었다. 나를 보러 신산한 길을 찾아왔으니 따뜻한 아랫목에라도 앉아 마음을 녹였다 가라고, 금방이라도 사진 속에서 걸어 나와 반갑게 말을 걸어올 것 같은 모습으로 아이가 웃었다.
　나이도 잊은 채, 야간출근을 하다가 사람들이 들고나는 자유무역지역 후문 앞에서 소식을 전해준 아이와 부둥켜안고 할 말을 잃었던 나는, 밤새 눈물을 참아내느라 붉다 못해 흙빛으로 변해버린 안면 열감으로 동료들에게 걱정을 끼치게 했다.

 그 아이의 괴로움 하나 편안하게 풀어놓을 쉼터가 되어주지 못했던 것 같아 가슴이 아프고 쓰라린들 무슨 소용이 있을까. 나름대로 사는 게 힘들고 아프다며 신호를 보내었을 텐데 아무도 심각하게 받아들이지 않을 만큼 하루를 치열하게 살았던 아이, 피붙이 아닌 내 마음도 무겁고 아득한데 천륜으로 맺은 부모의 심정은 어떨까 싶어 울컥울컥 솟는 열꽃으로 견디기 힘든 밤을 보냈다.

 가을이 마지막 몸을 털어내고 있던 아름답고 소슬한 봉암로는 순한 햇살이 맑고 고왔다. 그 애를 만나러 가는 길이 아니었다면 열한 명의 라인사람들은 이야기꽃을 피우며 행복했을 동행 길이었다. 순한 햇살도, 푸르고 맑은 하늘도 무거운 가슴에 가려 보이지 않고 질퍽한 슬픔이 발끝에 채이던 그 길을 따라 영결식장으로 향했다. 식장은 사람들이 떠나고 없는 빈 바닷가처럼 쓸쓸하고 적막하였다.

 스물다섯 해 짧은 생을 살다 떠나는 아이는 짐작이나 하였을까. 말 한마디 없이 불시에 찾아든 이별에 어머니의 가슴이 얼마나 크게 무너지는지를, 어머닌 보내기 아까운 막내딸 앞에서 세상의 말이 들리지 않은 듯 무너져 계셨다. 나 또한

자식을 둔 어미라 눈앞이 흐려지고 가슴이 먹먹해 견디기 힘들었다.

서럽고 억울하더라도 눈 감고 가라고, 이 세상 아무것도 보지 말고 용서하고 가라고 애끓는 모정이 비통한 부정이 쓰다듬어도 닫히지 않던 눈꺼풀이었다. '네 억울한 거 다 아니 편안히 가라'는 절친한 친구의 목 메인 인사에 야속한 세상과 화해하며 눈을 감았다는 아이, 그 아이가 꽃보다 더 어여삐 웃고 있다.

이제 편안할까. 사람에게 받았던 아픔도, 차사고로 입었던 자존심의 상처도 다 잊고 편안해졌을까. 우울할 때 하늘을 올려다보지 않아도 되니 고요해졌을까. 한줌의 재로 변해 떠나갈 사진속의 웃음을 두고 돌아서는데 걸음이 휘청거렸다.

불교에서 믿는 다음 생이 간절해졌다. 몇 억겁의 생을 돌고 돌아 더디 오더라도, 무거운 생각 버리고 가벼운 몸으로 날아갈 때 묵묵히 배웅해 줄 바람이나 구름으로도 태어나지 말고, 언덕이나 숲으로도 태어나지 말고 꼭 어머니, 죽음보다 깊은 슬픔에 갇힌 저 어머니의 딸로 다시 태어나 어버이 못다 섬기고 간 죄를 용서받는다면 괜찮아질까. 그리되면 어머니의 남은 생도 고요해질까.

다시는 누군가의 내일이 존재하지 않는다는 사실에 겨울 아침처럼 가슴이 시리다.

거리에는 순한 가을 햇살이 출렁이고 있었다.

(2006년 가을)

내가 네 눈물을 닦아도 될까

  누군가는 나에게 '가슴에 정이 가득한 그대, 사랑이 가득한 그대'라고 글을 남긴 적이 있어서 부끄러웠는데 정작 나는 분명하지 못한 내 성격을 좋아하지 않는다.
  고맙다. 사랑한다 말을 더디게 하는 사람, 마음을 주는데도 오래 걸리는 사람, 따끔한 충고의 말은 엄두도 못내는 사람, 냄비같이 뜨겁게 다가오는 사람은 믿지 않는 사람, 말이 많은 사람도 경계하는 사람, 나는 한마디로 우유부단하고 미적지근한 맹물 같은 사람이다. 갑갑하고 재미없는 사람이다.

몇 해 전, 그런 내가 눈물을 닦아주고 싶은 황티흥이라는 아이를 만났다. 봄비가 내리더니 말갛게 씻긴 봄날은 환장할 만큼 찬란했다. 창가에 기대어 회사를 둘러싸고 있는 몽환처럼 아른대는 벚꽃너울을 바라보는 흥이를 지나치며 가슴이 아프던 날이었다.

'그래, 울기라도 하여라. 그리움이든 피해의식이든 참을 수 없다면 눈물이라도 보여야지, 그래야 용서든 사랑이든 간에 무언가를 담을 수 있는 마음자리가 생겨날 테지.'

참 많이도 나를 닮은 아이 같아 아무런 위로도 하지 않았다. 혼자 삭여내는 슬픔에 위로를 더하면 오래 참았던 눈물의 반란을 감당할 수가 없음을 아는 까닭이었다.

마른 땅에 물이 스미듯 서로에게 젖어 들었지 싶다. 이방인의 피해의식이란 게 날선 칼날 같아서 위태롭기만 하던 날들이 너그러워지고 있는 것이 보이는 듯했다. 때로는 말이 통하지 않고 마음이 통하지 않은데서 오는 이질감으로 가슴을 틀어막고 있던 고통을 호소하기도 하고, 베트남에 두고 온 어머니가 그리운 날은 나직하게 노래를 부르곤 했었다.

꿈의 나라 코리아, 기회의 땅이라고 가슴 설레며 찾아온 이곳에서 마음의 상처가 깊었던 흥이는 스스로를 방어하기 위해 라인관리자와 충돌이 잦았다. 그런 아이 홍이를 데리고 정형외과에 간 적이 있다. 무리한 팔목 사용으로 손목에 물혹이 생긴 아이를 보니 그냥 두고 볼일이 아니다 싶었다. 야근으로 몸은 곤하였지만 차가운 겨울아침 병원대기실에 앉아 의사를 기다리는 마음은 어미의 마음과 다르지 않았다. 큰 주사 대롱에 겁을 먹은 아이의 손을 잡아주고 흐르는 눈물도 닦아주고, 처방전을 들고 약국에 들러 약도 타주었던 그날의 몇 시간이 고마웠던 것인지, 홍이는 그날부터 나를 '엄마'라고 불렀다.

  내 아이들이 아닌 외로운 영혼에게서 듣는 '엄마'라는 소리에 가슴이 먹먹했다. 어쩌다 손 한 번 잡아주고 가슴속에 쌓인 이야기를 들어준 것뿐이었는데 눈을 맞추고 싶어 하고 생기가 도는 아이를 대하니, 무덤덤한 이 사람도 누군가에게는 사랑일 수도 있구나싶어 가슴이 뜨거웠다. 무거운 삶의 무게로 위로만 받고 걱정만 끼치던 사람이, 나 아닌 다른 사람의 가슴에 돋아난 가시를 나도 모르는 사이에 뽑아내고 있었던 것 같아 홍이와의 인연이 고맙기도 했다.

  홍이의 산업연수 계약일이 끝나가고 있었다. 이별은 사람의 마음을 너그럽게 하는 모양이었다. 나를 통해서 흥이와 소통하던 라인관리자가 떠나갈 아이들에게 선물을 준비하는 모습을 보고 관리자로서의 애환 또한 들여다보지 않을 수 없었다. 고달프고 여유 없는 마음에 상처도 주고받는다 생각했었다.

보고 싶고 그리울 거라는 흥이에게 정작 잘 가라는 말을 하지 못하고 이별을 맞았다. 야간으로 출근하는 주에 출국일자가 잡혀 있어서 얼굴도 보지 못한 채 헤어졌다. 잘 돌아 갔으려니 여기고 이곳에서의 고단한 기억을 잊어주기를 바랐다.

5개월 뒤, 떠났으려니 여겼던 일곱 명의 베트남 아이들이 회사 측의 콜을 받고 다시 돌아왔다. 흥이는 돌아오지 않았다. 사랑하는 사람과 함께 있다니 안심은 되었다. 합법적인 이주노동을 포기하는 대신 긴장을 늦추지 못하는 불법체류생활을 감내하더라도 다시는 외롭지 않을 타국생활을 선택한 흥이의 심정이 이해가 되었다.

애틋한 감정이 무디어져갈 즈음 종적을 감추었던 흥이가 분홍빛 청첩장을 들고 찾아왔다. 보고 싶었다. 그리웠다 말하지 않아도 눈물이 그렁한 녀석의 두 눈은 많은 말을 담고 있었다. 베트남어(語)로 박힌 청첩장에 '엄마'라고 눌러쓴 두

글자가 저릿해 가만히 녀석을 안아준 그날, 사람에 대한 그리움이 얼마나 깊었으면 먼 길을 찾아왔을까 싶어 안쓰러운 마음이 가시지 않았다.

아침에 퇴근하여 마산발 부산행 시외버스에 몸을 실었다. 때로는 나더러 '슬퍼하지 말라'고 위로하던 아이를 어미의 마음이 되어 보내던 날이었다. 웃어도 좋은 날인데 축제처럼 진행되는 결혼식을 지켜보며 내 얼굴에는 내내 붉은 꽃물로 흥건했다.

이제는 흥이를 잊고 살아도 미안하지가 않을 것 같았다. 팔뚝에 장애가 있는 남자를 이별 없이 지켜낸 착한 사람이니 변치 않는 사랑을 하며 살아갈 거라는 확신이 들었다. 흥이도 나를 잊고 살았으면 싶었다.

4년여 병석에 누워 지내던 남편이 떠나던 날, 어떻게 연락이 닿았는지 큰아들의 휴대폰으로 전화가 왔다. 수화기 너머에서 눈물이 말라버린 나를 대신하여 흥이가 슬피 울었다. 마음대로 달려오고 싶어도 그러지 못해서 흘리는 눈물이 정 때문이라면, 나를 걱정하며 뜨겁게 울던 것도 유정한 정이 이유라면 정을 주는 속도도 늦추어야 하지 않을까. 자꾸 그런 생각이 떠나지 않았다.

한 번 마음을 주면 변하지 않을 가슴은 여전한데 이제는 쉽게 정을 주지 않는 사람이 되어가는 것 같다. 삶이 쓸쓸하고 메마를까 두렵기는 하지만 정(情)이라는 아름다운 구속이 슬퍼서 변해가는지도 모를 일이다.

(2005년 겨울)

네팔에서 온 편지

'언니, 잘 계시죠?'

물이 흐르듯이 써내려간 편지에는 치열하고 뜨거운 청춘(?)이 깃발처럼 펄럭인다.

서른의 나이에 지도 하나를 들고 유럽 배낭여행 길에 올랐다는 무용담을 들을 때마다 대담성이 부러웠다기보다는, 지극히 평범한 삶을 살아온 나로서는 서른을 기념하고 싶었다는 그네의 가치관이 생소했다. 가난한 주머니와 달리 넓은 세상에 대한 눈이 트이고, 이국의 낯선 사람들과 만나 스스럼없는 친구가 되어 생겨난 자기 희열은 생각해보니 그녀를 견디게 한 힘이었지 싶다.

 타국으로 컴퓨터 기술 분야에 취직이 되어 떠나게 되었다고 털어놓던 날 노쇠한 아버지의 눈물을 얘기했다. 어머니께 매운 생을 살게 하신 아버지를 미워했다던 그녀는 살아생전에 다시 못 보게 되면 어떻게 하나 염려하시는 아버지의 눈물을 외면했다고 했다.

 어머니마저 혼기가 지난 딸자식이 먼 길을 떠난다니 환영할 수가 없으셨던 모양이다. 아비를 닮아 모지고 독한 딸자식이라는 어머니의 탄식에도 눈감아 버렸다던 그녀였지만, 늙은 부모를 두고 가는 맏이로서의 가슴에 어찌 수많은 생각이 없었으랴 싶었다.

 연수를 받으면서 간간이 휴대폰으로 문자를 보내왔다. 극기 훈련으로 지리산 종주에 들어갔다 전하기도 하고, 어느 날은 사물놀이를 배웠다며 흥겨운 기분을 전하기도 했다. 또 어느 날은 시설에 들러 하루 종일 아기들의 기저귀를 갈아가며 봉사활동을 하느라 가슴이 뻐근하다고 전해오기도 했다.

 딸 많은 집의 맏이 노릇이 벅찼던 미혼의 그녀가 또다시 마흔의 나이에 타국으로 떠났다. 외교통산부 산하 국제협력

기구 소속으로, 지구상에 빈민국가 중에 하나인 네팔로, 그것도 정치상황이 불안정한 나라에 봉사라는 명목으로 나간다고 하면 마음을 쓸까싶어 취직이 되어 떠난다고 둘러서 말을 했다며 편지를 보내왔다.

자그마한 체구에 살아 있는 눈빛을 가진 옹골진 사람이라 처음에는 그녀가 편하지 않았다. 어딘가 빈 구석도 있고 털털해야 정이 가고 마음도 갈 텐데, 그녀는 지나치게 야무진 사람이었다. 계획을 세우게 되면 순식간에 이루어 놓고, 살가운 성정이다 싶다가도 깊이를 알 수 없는 거리감을 느낄 때가 있었다. 남에게 자그마한 해악도 끼치고 싶지 않을 뿐더러 이유 없는 선심도 베풀고 싶지 않는 합리적인 성품이 무른 나의 정서에 맞지 않은 것이 이유였을 것이다.

알 수 없는 게 사람의 마음이라 했다. 비정규직이라는 한 치 앞도 알 수 없는 사람과의 인연은 함께했던 순간으로만 기억하고 싶었던 게다. 계약기간이 끝나고 헤어지면 잊혀져 갈 인연이려니 했다.

어느 순간부터 그네의 젖은 눈이 벽을 세운 나를 허물고 있었다. 끊고 맺음이 분명한 성정도, 사람들에게 지나칠 만큼 상냥하고 정중한 태도도, 온전히 마음을 보여주지 않는 내밀한 가슴도 스스로를 무장하는 방편임을 알게 됐다.

그네가 여러 회사를 떠돌 때 만났다는 네팔인 이주노동자의 이야기를 들려준 적이 있었다. 낯선 땅에 와서 물처럼 스며들지 못하여 스스로의 생을 놓아버렸다는 젊은 이방인의 이야기였다. 그 친구를 보내놓고 미안하고 죄스러워서 흘린 그네의 눈물이 키운 생각들이었다. 힘든 공장 일에 말도 통하지 않고 음식마저 힘들었던 그 친구에게, 살아있을 때 시원한 물 한 잔 떠다주지 못한 죄, 부당한 대우를 받을 때 방관했던 것까지 마음에 남아서 자청해서 봉사자라는 이름으로 네팔로 날아간 거라고 했다. 미안하고 죄스럽다고 그녀처럼 살 수 있는 이가 몇이나 될까 싶었다.

그녀가 사는 집에서 북쪽을 보면 맑은 날에는 히말라야를 볼 수 있다고 한다. 한국에서는 볼 수 없는 엄청난 뭉게구름이 펼치는 대자연의 향연이 경이롭다고 전해온다.

한국의 40년 전쯤의 경제상황인 탓에 포장 안 된 길가에는 온갖 오물들이 흩어져 있고, 일자리가 없는 탓에 길가 찌아 집에 죽치고 있는 젊은 남자들이 흔하고, 소일거리가 없는 탓에 그녀가 지나가는 것만으로도 애깃거리가 되는 동네사람들에게 그녀는 먼저 '나마스떼' 하고 인사를 건넨다고 한다.

번화한 카트만두의 도회를 벗어나 뒷골목에 들어서면 흑진주 같이 아름다운 눈매를 가진 아이들이 남루한 옷을 걸치고 맨발로 다니는 모습도 볼 수 있다고 전한다. 가난한 사람들이 사는 뒷골목을 돌아보며 그녀는 자신이 가진 컴퓨터 기술이 그들에게는 필요치 않음을 가슴 아파하기도 한다. 정작 그녀가 하는 일은 직업이 반듯한 사람들에게 하는 컴퓨터교육이라 봉사라는 타이틀이 부끄럽다고도 한다.

가난한 사람들에게 어떤 도움을 줄 수 있을지 아직은 답이 없다는 그녀지만, 호기심으로 가득한 사람들에게 먼저 인사를 건네며 다가가는 그녀의 사고가 진취적이어서 그녀가 어여쁘다는 생각이 들기도 한다. 언젠가는 그녀가 품은 담담한 사랑이 가난한 사람들의 마음에 소용되리라고 믿고 싶다.

선물 같은 노래

어둠이 내려앉은 저녁 무렵 TV를 튼다. 청바지에 흰 셔츠 언밸런스한 잿빛재킷에 중절모를 눌러쓴 꾸밈없는 얼굴이 화면을 메운다. 무대 위를 종횡으로 누비던 젊은 날의 몸짓은 어디에도 없다. 홀연히 인기인의 자리를 내어놓고 음악공부를 위해 떠났던 이상은, 그녀가 돌아와 무대에 섰다.

한 그루 실한 나무처럼 담담히 서서 가슴을 가로질러가는 노래를 부른다. 귀담아 듣지 않으면 가슴을 가로질러가는 노랫소리를 알아들을 수가 없어 숨소리마저 낮추며 귀를 세운다.

지난날, 그녀가 검푸른 바다 위를 펄떡거리며 뛰어다니던 날생선처럼 활기찼을 때 무대 아래의 팬들도 활기차더니, 지금의 팬들은 오늘의 그녀를 닮아있다. 무대 아래는 바람 불면 일렁일 것 같은 맑은 눈을 하고 기도하듯이 그녀를 바라보고 서 있는 팬들의 모습이 기이하고 아름답다.

가식 없는 청정한 노래가 흐른다. 공백 기간 동안 두 번이나 강산이 바뀌고 불혹에 접어든 나이건만 팬들은 그녀의 나이 듦을 상관하지 않는 모습이다. 팬들이 젊다. 투명한 표정들이 선하고 예쁘다.

그녀의 이름을 걸고 작은 무대를 마련해준 사람들에게 고마운 마음이 든다. 상품이 되고 안 되고의 실리를 떠나 인기인이라는 쉽지 않은 욕망의 굴레를 벗어버리고 무대를 떠났던 아까운 사람에 대한 예우라는 생각이 들어서이다.

깊어진 그녀의 음악을 접하게 된 건 행운이랄까. 케이블과 공중파라는 수없이 많은 방송채널 중에서 우연히 선택한 채널에서 그녀의 노래를 듣게 된 건 얼마나 다행인가. 한 번도 그녀의 음악에 열광한 적이 없었으니 더 그러하다. 멀대 같이 큰 키에 중성적인 외모, 건들건들한 외양, 무엇보다 내

정서에 맞지 않는 그녀가 부르던 '담다디'라는 노래 때문에 그녀를 좋아하지 않아서 더 감동적인 순간이다.

 세월이 흐른 만큼 내가 달라진 것일까. 분명히 다른 사람인데도 닮아가는 성형미인들이 흔한 세상이 됐다. 그래서인지 인형처럼 예쁘지 않아도 변하지 않은 중성적인 모습의 그녀가 아름다워 보이고, 과장 없는 표정이 오랜 친구 같은 편안함을 갖게 해서 좋다. 그녀가 혼을 다해 부르는 담백하고 기교 없는 중저음의 노래에 마음이 착해지고 철학이 묻어나는 가사에 가슴이 쩡쩡 울린다. 슬프지 않은데도 눈물이 난다. 특히 '삶은 여행'이라는 노래는 가슴을 젖게 한다. 감상하는 사람들에 따라서 공감하는 차이는 다르겠지만 힘을 빼고 담담히 부르는 그녀의 노래가 메마른 감성을 건드릴 수 있다는 게 놀랍다.

 그녀를 향한 팬들의 박수소리가 따뜻하고 힘이 있다. 연이어 부른 '언젠가는'이라는 노래는 그녀가 스물한 살 적에 작사 작곡한 것이란다. 나는 이 노래가 그렇게 오래된 줄 몰랐다. 지난가을에 야근을 하다가 라디오에서 흘러나오는 노랫소리를 처음으로 들었다. 그때는 오래된 노래인지 모르고 세월이 흘러간 만큼 그녀의 음악이 성숙해진 거라고 생각했다.

'담다디'라는 신나는 멜로디만 기억하던 나에겐 무척이나 생소하고, 사색하듯 파고들던 그 노래는 그녀의 음악이 아닌 듯 다른 느낌으로 와 닿았다.

세월이 흘러도 그녀는 변하지 않았는지도 모른다. 어린 나이에도 사람들의 가슴을 관통하는 노랫말을 썼으니, 지금 그녀가 부르고 있는 노랫말들이 메마른 감성을 적시는 것도 당연하다 싶다.

사람이 외로울 때, 나는 그녀의 노래가 사람 곁에 있었으면 한다. 어쩌면 가슴을 쓰다듬는 선물을 다행처럼 만나지 않을까해서다.

봄날에 기대어 울다

 한낮의 졸음에 잠시 정신을 놓다가 차임벨 소리에 잠을 깬다. 복도로 나서는 내 눈에 곱게 치장한 봄이 열려있는 창으로 눈부시게 다가온다. 아침나절에 봄비가 내리더니 세상을 말끔하게 씻어 놓았다. 시시각각으로 달라지는 회사주변을 둘러싸고 있는 벚나무의 꽃 너울을 바라보며 흥이가 창틀에 기대어 넋을 놓고 서 있는 모습이 보인다.
 '그리울 만도 한 게지.'
 '부끄럽다 말고 실컷 울렴.'

아이를 비켜서 화장실로 들어서는 나를 임이가 부른다.
"왕언니, 홍이가 울어요. 어떻게 좀 해줘요."
"녀석, 그냥 둬. 너는 울고 싶을 때가 없었어?"
찬란한 봄날에 콘크리트 벽에 갇혀서 청춘을 보내고 있는 녀석들이 속옛것 다 풀어헤쳐 보이는 꽃무더기를 보고도 아무 느낌이 없다면 그게 더 삭막한 게지.
울도록 내버려두렴, 봄날이라서 그렇게 울고 싶은 게야.
때로는 사소한 부주의로 인격적인 모독에 파르르 상처받는 아이들을 지켜보며 아무런 반박도 해주지 못했던 나는, 내 아이 같은 심정으로 베트남에서 온 그네들을 대하고 싶었다. 어미의 가슴으로 저네들을 대하다 보면 나를 떠나있는 내 아이들도 누구인가 육친의 정으로 대하지 않을까 하는… 속된 마음이 있었다 해도 왠지 그네들이 안쓰러웠다.
가장 힘든 공정에 배치된 그네들은 자연히 피해의식에 골이 깊었다. 미운 사람 좋은 사람을 구분 지어 놓고 저희들끼리의 의견이 분분했다.
언젠가 손목이 아픈 홍이를 데리고 병원에 간 적이 있었다. 그날의 몇 시간이 고마웠던 것일까. 그때부터 홍이는 나를 엄마라고 불렀다. 가끔 녀석은 내 가슴을 먹먹하게 만들었다.

 어느 날, 아이들 이야기며 남편 이야기며 그 아이 흥이가 알고 싶어 하는 나에 대한 것들을 들려주었을 때였다. 안색이 변해가던 흥이가 "엄마, 슬퍼하지마."라며 몇 번이나 그 말을 되뇌었다. 그 말을 듣자 눈앞이 흐려지는 나를 보며 어쩔 줄을 몰라 하던 흥이는 자책하며 엄마를 가슴 아프게 했다며 미안해했다.

 나보고 슬퍼하지 말라고 위로하던 그 아이가 누군가를 사랑한단다. 같은 베트남 청년인데 착한 사람이라고 했다. 산업연수생으로 취업해 오던 첫날에 안전사고가 일어나 한쪽 팔을 다쳤다며 평생을 팔뚝에 쇠심을 박고 살아야 하는 장애를 입었다는 소리에 저 아이를 어찌하나 싶었다. 왜 저리 바보같이 착해 빠졌을까. 하필이면 힘든 사랑을 시작했을까 싶어 지난날의 내 모습이 보여 가슴이 저몄다.

 그 아이가 묻는다. 저희들이 결혼할 때 축하해주러 엄마가 베트남에 올 수 있냐고 작업시간에 돌아서서 큰 눈이 젖은 채 묻고 있다.

 "못 간단다. 애야, 아저씨 혼자 두고 어찌 가겠누."

 녀석의 눈이 슬프다. 엄마가 보고 싶을 거라며 목이 잠긴다.

다음 주 일주일이 홍이와의 마지막 날들이다. 이제 고단한 노동을 끝내고 떠날 채비를 한다. 잘 가라. 흔들리지 않고 말할 수 있을지 나는 아직 자신이 없다.

언제 왔노, 또 갈 끼가

　젊음이 찬연하고 눈부셨을 때는 사는 일이 분주해 아침마다 집을 나서는 것이 행복한 일인지 모르고 살았다.
　젊음이 찰나처럼 지나가고 내 나이가 무거워져 20여 년 다니던 직장에서 권고사직을 당한 후였다. 무엇을 하며 살아남아 어미 노릇이 끝나질까 막막할 무렵, 나를 살게 하는 행복한 일을 만나게 되었다.
　국가자격증을 받아 놓고도 인생에서 피해가고 싶었던 요양보호사라는 직업이었다. 누군가는 해야 되는 숭고한 직업이지만 이목이 두려워 3D업을 돌고 돌아 마주한 조우였다.

　어르신들과 어우러져 살아가다보니 인생이라는 무대가 눈물겹도록 고맙게 와 닿는 곳, 생소한 나를 만나기도 하고 품고 있는 끼에 놀랄 때도 있다. 어르신들을 위해 수고하는 비천하다 싶은 나의 일이 사람을 사람답게 하는 귀한 일이라 여겨지기도 했다. 무료한 어르신들을 기쁘게 해드리려고 춤을 추고 노래하는 우스꽝스러운 몸짓마저 어색하지 않다는 것에도 감사했다.

　여자어르신 한 분이 입소를 해오셨다. 흔들리는 눈빛은 마음이 불안하다는 표현일 게다. 거역마라. 나는 무조건의 사랑이 필요하다고 소리라도 치고 싶은 모습이었다. 거동이 힘들고 귀마저 어두워 아무것도 내 맘 같이 되는 게 없어 원통하다. 그렇게 보이는 어르신이었다.

　생활실로 모셔 어르신의 몸 상태를 확인하는 것이 요양보호사의 우선적인 일이었다. 욕창의 유무를 살피고 통증을 호소하는 곳은 없으신지 정확한 확인에 들어가게 된다. 어깨, 팔다리, 허리에 과민하게 반응하는 통증 때문에 조심스런 케어가 필요한 어르신이었다.

　가족들이 떠난 뒤 생활실이 요란하도록 "아이고, 이래 살아

뭐하노."를 계속 반복하는 불안 증세를 심하게 나타내었다. 어디인지도 모르는 곳에 자녀들이 당신을 버리고 갔다며 노여워하는 마음이 표출이 된 것이다. 정서적 안정이 필요했다.

생활실에서 두 어르신 사이를 오가며 이야기를 전달하다가 자녀분들이 홍씨 성을 쓴다는 걸 알게 되었다. 반가운 마음에 "어르신, 저도 홍가 성을 쓰는 사람입니다." 하고 말씀을 드리니 "아이고 여기도 홍가 딸이 있었나?" 하며 몹시 좋아하시는 게 아닌가.

아마 그 순간부터 나라는 존재가 당신의 자녀들과 같은 성을 쓴다는 단순한 이유로 어르신에게 마음의 의지처가 되지 않았나 싶었다.

언제든지 만나게 되면 어르신의 인사가 "언제 왔노? 또 갈 끼가? 어째 안보이노?"라며 자식 대하듯이 묻기도 했다. 안 보이면 궁금하고 보게 되면 반갑고 퇴근 때면 "잘 갔다 오니라." 하며 인사도 하고 싶은, 어르신에게 나는 몬몬한(편한) 홍가 딸인 성싶었다.

휠체어에 의존한 채 입소하셨던 어르신이 사족 워커를 사용해 휴게실을 두세 바퀴 걸을 수 있을 정도로 건강 상태가 좋아졌다. 수시로 걷기지도를 유도해 다리의 근력을 키우고 적절한 물리치료를 병행하니 "이래 살아 뭐 하노, 힘들어서 못 살겠다." 하시면서도 당신 스스로의 걸음이 얼마나 감사하고 고마우실까.

하지만 영원한 것은 없나보았다. 그나마 친구하며 살아갈 수도 없는 병 치매, 과거로 뒷걸음질 쳐 끝내는 자신마저도 기억하지 못하는 가슴 먹먹한 병, 약물치료를 병행해도 서서히 죽음으로 이끄는 고약한 병, 그 병에 하나를 더 얹어 어르신이 쓰러졌다.

경미하게 뇌경색이 왔다 지나갔다는데 모든 것이 달라져버렸다. 폭언은 다반사며 빈번한 식사거부, 폭력 등, 감정제어가 어려워 케어방향이 난항에 부딪치기 일쑤였다. 처음으로 돌아가 다시 시작하지 않을 수 없었다.

생활실 요양보호사 선생들은 위생, 환경, 식사수발을 위해 최선을 다하고, 간호실과 물리치료실 선생들의 적절한 케어가 시작되었다. 언젠가는 다시 걸으며 고맙다는 표현도 아끼지 않는 건강한 날을 기대하며 종종걸음을 치게 되었다.

오랜만에 만난 나를 보며 "오데 갔더노?" 하고 물으시는 어르신의 목소리가 한결 부드럽게 들려온다. 당연히 홍가 딸은 당신이 원하면 언제든지 달려와 주는 피붙이 같은 사람이라 여기는 듯했다. 어르신이 쓰러진 후에는 근무 특성상 며칠 만에 뵙게 되는 날이면 번들거리는 눈빛으로 "와 안보있더노?" 하고 질책을 하던 어르신이었기 때문이다. 약간의 변화에도 반가워 실눈을 하며 웃게 된다.

  내 인생의 마지막 무대인 고마운 일터, 넘치거나 부족하지도 않은 사람으로 살기 위해 하루를 꽉 보듬으며 가려한다. 인생의 길을 가다 문득 뒤돌아 볼 때 쪼매난 여자가 괜찮게 살았구나 하고 스스로 등이라도 쓰다듬어 줄 수 있도록 말이다.

(2015년 봄)

엄마 졸업

 잘 가라!! 그렇게 말할 준비도 되어 있지 않은데 아이들은 출국날짜를 꼽고 있었다. 회사에서 버려지는 포장박스와 에어팩을 챙기는 아이들을 지켜보며 이별에 서툰 나는 눈앞이 흐려질까 걱정이 앞섰다.
 피 하나 살점 하나 섞이지 않은 불법으로 떠돌던 일곱 명의 아이들이 회사 측의 부름으로 다시 돌아왔다. 주변머리 없는 사람이었다. 잔정이나 애틋한 말 한마디 건네는 것에도 인색했던 사람이었다. 그런 나를 스스럼없이 오랜 세월 동안 엄마라 불러 주었던 아이들이었다. 당장 다음 주부터 주야로 조(組)가 엇갈려 얼굴 보기가 힘들어지게 되었다. 5년간의 계약 만료일이 한 달여 밖에 남지 않았는데 나는 무엇부터 해야 할지 밤새 마음이 복잡했다.

따뜻한 밥 한 끼라도 먹이고 싶었는데 녀석들이 흔쾌히 따라주지 않았다. 괜한데 돈 쓰지 말라는 단호한 몸짓이었다. 생소한 남의 나라에까지 와서 돈을 벌기 위해 가족들과의 별리를 감당해야했던 녀석들이라 돈을 신앙처럼 여길 만큼 돈의 쓰임새엔 엄격하였다.

야근을 끝내고 일곱 명의 아이들을 병풍처럼 두르고 겨울 아침의 알싸한 거리를 걸어 밥집으로 향했다.

베트남으로 돌아가기 전에 따뜻한 밥을 먹으면서 마지막 인사라도 나누고 싶었다. 오랜 세월이 지나더라도 저희들을 보내려니 마음이 횅하였던 키 작은 여자와 걸었던 겨울 아침을 잊지 않기를 바라면서, 헤어지려니 섭섭하다. 애썼다. 보고 싶겠다는 서글픈 말들은 되도록 아끼면서 걸었다.

서로 약속하지도 않았는데 엇갈려 헤어질 사람들이 밥집으로 모여들었다.

밥집 앞을 지나치면서 늘 손님으로 붐비던 이유가 궁금했는데 혀에 착착 감기는 음식 맛이 일품이었다. 요리의 맛을 평해 가며 마치 내일 다시 만날 사람들처럼 맛있다고 감탄을 하면서 한 끼의 밥을 나누었다.

점심이라는 말의 뜻은 사람들이 함께 식사를 하면서 마음에 점 하나를 찍는 거라고 라디오에서 들은 적이 있었다. 당장 밥집을 나서면 언제 만날지도 모르는 사람들이 마음에 점 하나를 찍고 담담하게 헤어져 갔다. 마음은 보이지 않으니 때로는 고맙기도 한 것 같았다. 흔들리는 마음을 숨길 수도 있었으니….

밥집을 나와서 잠시 걷기로 하였다. 겨울바람이 싸했다. 느릿한 걸음으로 공설운동장을 지나고 석전 사거리를 지나 삼호로를 따라 걸었다. 삼호천 저 물처럼 다 흘러가는 것이리라. 인생이든 무어든 간에 제 자리에서 머무는 것은 아무 것도 없으리라. 때가 되어 흘러가는 것은 그냥 놓아주자며 길을 걸으면서 배우게 되었다.

'약수터가든' 입구까지 걸었으니 한참을 걸었다. 볼이 얼얼하고 귓불은 베인 듯 따끔거리는데 휴대폰이 소리 내어 울었다.
"엄마, 어딘데요?"
귀가할 시간이 한참이나 지났으니 염려로 가득한 큰아이의 목소리가 감상에 허물어진 어미의 마음을 확 다잡았다.
"엄마 졸업? 무슨 소리에요."
눈 쌓인 골짜기마다 낱낱이 뼈대를 드러내고 서 있는 웅장한 겨울 무학산처럼 누군가가 나를 필요로 할 때까지 묵묵하리라 차가운 길 위에서 나를 다독였다.

(2004년 늦겨울)

행복한 꼭지와 만나다

　사람은 한 생애를 무수한 사람들과 만나면서 살아간다. 사람의 성향에는 여러 가지의 유형이 있을 수 있다. 나열할 수 없이 다양한 유형들 중에서 인연 따라 만난 사람들과 섞여 살아가기도 한다.
　마음이 가닿고 편안한 사람만을 가려 인연지어 살 수는 없는 일이다. 인간관계란 때로는 득이 되거나 폐가 될 수도 있는 관계들이지만 기나긴 인생길에서 마음을 나누는 동반자로, 의지가 되는 관계의 발전으로 이어진다면 아름다운 일이 아닐 수 없다.

언제나 스스로를 아웃사이더 인생이라고 비하시키며 살았다. 유창한 달변도 아니고 논리적인 언어도 구사할 줄을 몰라 무리의 중간이나 마지막쯤에서 두리번거렸다. 하고 싶은 말들은 머리에서 아우성을 치는데 분출의 향방은 묘연했고 얻은 것은 착한 사람이라는 우스운 딜레마였다. 내 속엔 미움도 많았는데 말이다.

스스로에게 만족을 느끼지 못하는 나였는데 곁으로 다가오고 싶어 바라보고만 있었다는 사람을 만났다. 그건 감동이었다. 서성거린 세월이 긴 시간이었다는 것도 마음자락을 여미게 했다.

간간이 공단문예지나 사보에 올린 글에 현혹된 것은 아니었을까. 혹은 삶이 무거워 보여 연민은 아니었을까. 궁금할 겨를도 없이 그녀가 쏟아내는 말의 향연에 나는 웃음이 헤픈 사람이 되어갔다. 닭살 돋는 그녀의 멘트에 소름이 돋기도 하고 그네가 살아내는 인생이 힘겨워 보여 위험 수위를 오르내리는 혈압이 널뛰기를 하기도 했다.

겉으로 보이는 그녀의 모습은 참으로 단아하고 고운 모습이었다. 그 고운 모습 속에 서로 대립관계의 업무적인 일로

만날 때는 카리스마가 엄청났다. 작은 체구에서 뿜어내는 분위기는 한마디로 당차다는 느낌이었다. 일로 부딪혀 편하지 않던 그녀와의 조우가 기다리고 있었다.

어느 날 자기 일에 환멸을 느낀 그녀는 상사에게 줄기차게 현장근무이동을 희망하였다. 나 또한 십년 세월의 내공이 쌓인 Q,C일을 벗어나 생산현장에 투입될 즈음이었다. 담당하던 아이템이 중국 쪽으로 빠져나가면서 불가피하게 발생한 부서 이동이었지만 구조조정의 희생자라 여겨져 자존심의 상처가 깊었을 때였다.

제조공정 일로는 선배가 되는 그네가 같은 부서로 옮겨간 나를 따듯하게 맞아주었다. 떠밀려간 자리에서 '언제 오나' 하고 기다리고 있었다는 사람을 만나니 감동이었다. 콤베어 밸트를 사이에 두고 앞뒤로 비껴 앉은 뒤부터 그네는 말(言)의 날개를 달고 수시로 내 감정선을 넘나들었다.

아버지 없는 빈자리를 지키느라 한 번도 반짝반짝 빛나지 못했다는 청소년 시절의 삶이 고단했다고 털어놓을 때는 가만히 안아주고 싶었다.

사랑이 찾아와도, 가정을 버린 아버지로 인하여 남자를 믿을 수 없었던 그녀는 사랑을 알아보지 못했다고 했다. 첫사랑인 남편 속을 까맣게 태워 놓았다고 했다. 막내이면서도 맏며느리처럼 살아내는 자잘한 일상의 애환과 아무에게도 들려주지 못했던 이야기를 나라는 강물에 흘려보내고 있는 듯 했다.

나를 만나 숨통이 트인다고 했다. 어둡던 얼굴이 환해지고 천상 여자같이 맑아졌다. 이야기를 들어주는 사람이 곁에 있어서 행복하다고 말할 때는 그녀가 느끼는 외로움의 밀도가 전해져 먹먹하기도 했다.

이제는 상처 많은 영혼을 치유하는데 도구로 쓰인 나라는 존재가 못나 보이지 않는다. 화려한 언변 대신에 편안하게 이야기를 들어줄 수 있는 자아를 발견했으니 고맙지 아니한가. 모르는 사이에 내 상처도 아물고 있었다. 그녀가 세월 같은 사람이었던 게다.

(1999년 여름)